을 유 세 계 문 학 전 집 5 9

플라테로와 나

플라테로와 나

PLATERO Y YO

후안 라몬 히메네스 지음 · 박채연 옮김

❖ 을유문화사

옮긴이 **박채연**

한국외국어대학교 스페인어과 및 동 대학원을 졸업했으며, 마드리드 콤플루텐세대학교에서 문학박사 학위를 받았다. 현재 한국외국어대학교에 출강하고 있다. 옮긴 책으로는 『체(Che), 회상』, 『침묵의 시간』, 『서른 살, 최고의 날』 등이 있다.

을유세계문학전집 59
플라테로와 나

발행일·2013년 1월 20일 초판 1쇄 | 2020년 12월 25일 초판 2쇄
지은이·후안 라몬 히메네스 | 옮긴이·박채연
펴낸이·정무영 | 펴낸곳·(주)을유문화사
창립일·1945년 12월 1일 | 주소·서울시 마포구 서교동 469-48
전화·02-733-8153 | FAX·02-732-9154 | 홈페이지·www.eulyoo.co.kr
ISBN 978-89-324-0391-5 04870 978-89-324-0330-4(세트)

차례

내게 오디와 카네이션을 보내 주었던
솔(Sol) 거리의 가련한 미치광이 소녀
아르게디야를 회상하며

서문

어린이들에게 이 책을 읽어 주실 분들을 위한 제언*

플라테로의 두 귀처럼 기쁨과 아픔이 쌍둥이처럼 공존하는 이 작은 책이 어떤 독자를 대상으로 씌어졌냐 하면…… 사실 내가 그걸 어떻게 알겠는가! 우리 서정시인들의 독자를 위해 쓴 것으로 합시다……. 이제 이 책의 독자가 어린이라 하더라도 단 하나의 쉼표도 더하지도 빼지도 않았습니다. 얼마나 좋은지 모르겠어요!

노발리스는 이렇게 말했지요. "어린아이들이 있는 곳은 그곳이 어디든 황금시대이다." 그 황금시대는 마치 하늘에서 떨어진 영혼의 섬처럼 시인의 가슴에 남아서 마음의 안식처가 되고, 아마도 시인은 그곳이 너무 좋아서 절대로 거기를 떠나는 일이 없기를 소망할 겁니다.

은총의 섬, 새로운 호기심과 행복의 섬, 아이들의 황금시대여. 나의 삶에서, 이 고통의 바다에서 너를 만날 때마다, 너의 미풍은 마치 새벽 첫 햇살이 비칠 때 종달새의 지저귐 같이, 너의 고상한 음악 소리를, 때로는 아무런 의미 없이 들려주는구나!

저자, 마드리드, 1914

I

플라테로*

플라테로는 작고 부드러운 털북숭이다. 겉으로 보기에 너무 부드러워 뼈도 없이 온통 솜 덩어리라고 할 만하다. 오로지 호박(琥珀) 같은 까만 두 눈만이 마치 검정 구슬로 된 두 마리 딱정벌레처럼 단단하다.

풀밭에 풀어 놓으면 작은 장미들, 푸른색 꽃들, 노란 물푸레나무 꽃들을 닿을 듯 말 듯 가볍게 코로 쓰다듬는다. 부드럽게 "플라테로!"하고 부르면 마치 웃는 듯, 아름다운 종소리처럼 또각또각 소리를 내며 즐겁게 내게 온다.

플라테로는 내가 주는 것은 뭐든지 다 먹는다. 귤, 호박 빛의 사향 포도, 검은 무화과 열매에 맑은 꿀 몇 방울 얹은 것을 좋아한다.

그는 어린아이처럼 연약하고 응석받이다. 그러나 속으로는 돌처럼 단단하고 순수하다. 일요일마다 내가 그 등에 올라타 마을 어귀 길을 갈 때면 단정하게 옷을 입은 농부들이 느릿느릿 걸음을 멈추며 플라테로를 본다.

"무쇠로 맹글어졌고마."

그는 무쇠로 만들어졌다. 무쇠와 동시에 은빛 달로 만들어졌다.

II

하얀 나비

어느새 보랏빛 안개 자욱한 저녁이 내려앉는다. 자줏빛과 초록
빛의 희미한 잔광이 교회 종탑 뒤에 버티고 있다. 길은 오르막이
고 종소리와 풀냄새, 노래들, 하루의 피로와 소망들로 가득하다.
갑자기 어둠 속에서 모자를 쓴 채 꼬챙이를 들고 담뱃불에 얼핏
못생긴 얼굴이 불그스름히 보이는 남자가 커다란 석탄 자루들 사
이에 버려진 듯한 누추한 움막에서 나와 우리에게 내려온다. 플라
테로는 겁을 집어 먹는다.

"뭘 가져가지?"

"보시다시피…… 하얀 나비들뿐인데……."

그 남자는 쇠꼬챙이로 광주리를 찔러 보고 싶어 하고 난 멋대로
하라고 내버려 둔다. 내가 자루를 열어 보이지만 그 남자는 아무
것도 보지 못한다. 그렇게 나의 이상적인 양식*은 세금도 지불하
지 않고 자유롭고 온전하게 통과한다.*

III

해거름 놀이

마을에 노을이 지면, 플라테로와 나는 추위서 잔뜩 웅크린 채, 검붉은 어둠이 깔리는 메마른 강으로 길이 난 가난한 거리로 접어든다. 가난한 아이들이 거지 흉내를 내면서 서로 놀래키는 놀이를 하고 있다. 한 아이는 자루를 머리에 이고 다른 아이는 장님 흉내를, 또 다른 아이는 절름발이 흉내를 낸다…….

그러나 조금 지나자 아이들은, 어린애 특유의 변덕으로 맘이 변해, 신발을 신고 있고 옷도 입고 있으며 엄마들이 어떤 수를 쓰든 간에 먹을거리도 마련해 주는 왕자로 자신들을 착각한다.

"울 아빠 은시계 있다, 뭐."

"울 아빠 말 있어."

"울 아빠 총 있지롱."

새벽을 깨우는 시계, 배고픔을 죽이지도 못하는 총, 가난으로 데려가는 말…….

그리고 아이들은 손을 맞잡고 원을 그린다. 깜깜한 어둠 사이로 초록 새* 아저씨의 조카인, 억양이 다른 외지의 여자아이는 그늘 아래 흐르는 물줄기처럼 연약한 목소리로 공주처럼 당당하게 노래한다.

　　　　　　나는 오레에 배액자악의
　　　　　절얼므은 미이마앙이인 이이다아아…….*
　　　　　(나는 오레 백작의 젊은 미망인이다.)

　그럼, 그럼! 노래하고 꿈꾸렴, 가난한 아이들아! 조만간 너희들
의 청춘이 동터 올 때 겨울의 가면을 쓴 봄이 마치 거지처럼 너희
들에게 겁을 주겠지.
　"가자, 플라테로……."

IV

일식

우리는 무심코 양손을 주머니에 집어넣었고, 빽빽한 소나무 숲에 들어설 때처럼, 서늘한 그늘의 섬세한 날갯짓을 이마에 느꼈다. 암탉들은 차례차례 자신들의 안전한 보금자리로 들어가 버렸다. 주변의 녹색 들판은 마치 성당 중앙 제단의 검은 천이 감싸 주듯 어두워졌다. 멀리 바다는 하얗게 보였고 반짝이는 별들은 창백했다. 지붕들이 얼마나 하얗게 변해 가고 있었는지! 옥상에 있던 우리는 일식의 짧은 침묵 동안 그렇고 그런 사소하고 쓸데없는 농담들을 지껄였다.

우리는 모든 수단을 다 동원해서 해를 보았다. 연극을 보는 쌍안경으로, 망원경으로, 병으로, 불에 그슬린 유리로 태양을 보았다. 그리고 어느 곳에서나 해를 보았다. 전망대에서, 극장 계단에서, 곡식 창고 창문에서, 마당에서, 붉고 푸른 유리창 너머로.

자취를 감추기 직전까지 태양은 두 배, 세 배…… 백배나 더 커졌고 그 색깔은 빛과 황금이 섞여 있는 것보다 더 황홀했다. 그러나 석양의 여정은 그리 길지 않아, 해는 노을만을 남겨 놓고 사라져 버렸고 처음에는 1온스 금화 같던 노을의 장관은 은화로, 그리고 곧 구리 동전의 볼품없는 모습으로 변해 갔다. 마을은 작고 볼품없는, 더 이상 변하지 않는 강아지 같았다. 거리와 광장들, 종탑과 산길들은 얼마나 슬프고 조그맣게 보였는지!

저 울타리 안에 들어간 플라테로도 진짜 나귀 같지가 않았다. 낯설고 왜소해진 다른 당나귀였다……

V

추위

크고 둥글며 순수한 모습의 달이 우리를 따라 온다. 나른한 초
원에서 가시나무 사이로 검은 양처럼 보이는 것들이 서로 무심하
게 보고 있다. 우리 앞에서 누군가 말없이 숨는다. 흙담 위로, 꽃
과 달빛에 하얗게 물든 커다란 복숭아나무 한 그루가 꼭대기에는
흰 구름을 이고 3월의 별빛이 쏟아지는 길을 덮고 있다……. 찌르
는 듯한 오렌지 향기…… 습기와 침묵…… 마녀들의 골짜기…….

"플라테로야, 정……말 춥지?"

플라테로가 두려워하는 건지 내가 무서워하는 건지 모르겠지
만 플라테로는 빠른 걸음으로 시냇물에 뛰어들어 달을 밟아 산산
조각 낸다. 그러나 마치 유리로 만든 맑은 장미 넝쿨이 종종걸음
치는 플라테로의 발목을 얽어매어 붙잡고 있는 것 같다.

플라테로는 마치 누군가 쫓아오기라도 하는 것처럼 엉덩이를
내빼며 언덕을 오른다. 결코 나타날 것 같지 않은 마을의 희미한
온기를 그는 벌써 느끼고 있는 것이다.

VI

라 미가 유치원

플라테로야, 너도 다른 아이들처럼 라 미가(La Miga) 유치원*에 다니면 a, b, c도 배우고 막대기로 글씨도 쓰고 좋을 텐데. 그렇게 되면 너도 밀랍으로 만든 당나귀처럼 아는 것도 많을 텐데.* 아마 팔로스*의 의사 선생님과 신부님보다도 더 많이 알 수도 있었을 거야. 초록빛 바다를 배경으로 분홍색, 살색, 황금빛의 인어공주를 보여 주는 창에 인조 화관을 쓰고 나타나던 인어공주*의 단짝 친구 당나귀 말이야.

그런데 너는 네 살밖에 안 됐는데 너무 크고, 게다가 날씬하지도 못해서…… 네게 맞는 의자와 책상이 있을까? 네 공책과 연필은 얼마나 커야 될까? 합창을 할 때는 어느 자리에 앉아서 노래를 해야 할까? 사도신경은 외울 수 있겠니?

그런 걸 잘 못하면 동방박사처럼 노란 끈을 두른 온통 검붉은색 옷차림의 도미틸라 선생님이 너를 유치원 마당 구석으로 데려가서 무릎을 꿇게 하고 두 시간 동안 벌을 줄지도 몰라. 긴 회초리로 손바닥을 때리거나 간식 시간에 네 마시멜로를 뺏어 먹을지도 몰라. 아니면 네 꼬리 아래에 타는 종이를 놓고, 비가 오려고 할 때 농장주 아들에게 하는 것처럼 네 귀를 새빨갛게 될 정도로 아주 뜨겁게 달굴지도 몰라.

안 돼. 플라테로, 안 돼. 내게 오렴. 내가 너한테 꽃과 별 이름을 가르쳐 줄게. 그러면 아이들이 말썽꾸러기를 비웃 듯이 너를 무시하며 놀리지 않을 거야. 마치 너를 당나귀 취급하며, 너보다 귀가 두 배나 더 큰 나룻배의 나귀에게 하듯이 눈 가에 쪽빛, 자줏빛 테두리를 그리며 놀리지도 못할 거야.

VII

미치광이

내가 상복 차림에 예수님처럼 수염을 기르고 작고 검은 내 모자를 쓰고 플라테로의 부드러운 회색 등에 올라타고 있으면 정말 이상하겠지.

포도밭으로 가느라 태양이 내리쬐는, 하얗게 회칠을 한 마지막 거리를 지날라치면, 머리는 까마귀 집인 듯, 기름때에 절은 꾀죄죄한 집시 아이들이 파랗고 빨갛고 노란 색색의 천 조각으로 기운 누더기 옷 밖으로 검게 그을린 똥똥한 배를 내놓은 채 "미치광이! 미치광이야!"라고 고래고래 소리치며 우리 뒤를 쫓아온다.

……앞에 있는 들판은 이미 푸르다. 아이들의 외침은 이미 귀에서 멀어지고 내 눈앞에 한없이 맑게 펼쳐진, 불타는 쪽빛 하늘을 기품 있게 바라보며 나는 뭐라 이름 지을 수 없는 기쁨과 지평선에 깃든 신비하고 조화로운 고요함을 차분히 받아들인다.

여전히 저 멀리에서는, 먼 과거의 메아리처럼, 점점 가늘어지는 날카로운 고함소리가 숨찬 듯이 끊어지며 지루하게 이어진다.

"미-치-광-이-", "미-치-광-이-야-"

VIII

유다

놀라지 마! 왜 그래? 자, 자, 진정해……. 유다를 죽이는 행사잖아, 바보같이 놀라기는…….

맞아, 유다를 처형하고 있는 거야. 몬토리오 거리에 처형장이 하나 있고 엔메디오 거리에도 있고 포소 델 콘세호에도 또 있어. 어젯밤에 어두워서 처형대에 묶어 놓은 밧줄은 보이지 않았지만 허공에 마치 초자연적인 힘으로 고정되어 있는 유다들을 보았어. 고요한 별빛 아래 낡은 중절모를 쓰고 여자 블라우스를 입고 사제의 가면을 쓴 기괴한 꼬락서니들이라니! 그 모양을 보고 동네 개들도 꼼짝하지 않고 짖어 대고 있었고 말들은 무서운 듯 그 밑으로 지나가려고 하지도 않았지.

플라테로야, 지금 울리는 종소리는 대성당 제단의 장막이 찢어졌다는 것을 알리는 거야. 마을에 있는 모든 총은 유다를 향해 발사되고 있을 거야. 여기까지 화약 냄새가 나는구나. 또 쏘는구나! 또 쏴!

……그런데 플라테로야, 다른 점이 있다면 오늘날의 유다는 정치가, 선생님, 의사, 세무 공무원, 시장(市長), 아니면 산파라는 점

이지. 즉 모든 사람은 성토요일 아침에 봄날의 허망하고 어리석은 축제를 가장해서 마음속 증오의 대상을 향해 어린아이처럼 각자 비겁한 총을 발사하는 거야.

IX
무화과나무

안개가 끼고 으스스한 새벽 여섯 시, 맛있는 무화과 열매를 먹기에 딱 좋은 그 시간에 우리는 리카로 갔다.

수백 년을 버텨 온 거대한 무화과나무의 치맛자락, 그 풍성한 근육에 기대어 밤은 아직 잠들어 있는 것 같았다. 아담과 이브가 부끄러운 곳을 가리는 데 사용했던 커다란 잎에는 이파리의 연한 초록색을 더욱 창백하게 보이도록 만드는 진주 이슬이 영롱하게 빛나고 있었다. 에메랄드 빛의 키 작은 나뭇잎들 사이로는 새벽 여명이 투명한 무색 베일 같은 동양적인 새벽이슬을 장밋빛으로 물들이는 것이 보였다.

……우리는 마치 누가 먼저 무화과나무에 다다르는지 내기 하듯 미친 듯이 달렸다. 로시이요는 숨이 넘어갈 정도로 웃으며 나와 함께 일등으로 잎을 땄다. "여기 좀 만져 봐." 로시이요는 자기 손으로 내 손을 잡아서 자기 가슴에 대었다. 젊은 심장은 갇혀 있는 파도처럼 팔딱거리며 요동치고 있었다. 통통한 계집아이 아델라는 거의 뛸 수 없었는지 멀리서 투덜거리고 있었다. 나는 플라테로에게 잘 익은 무화과 몇 개를 따 주었다. 그리고 플라테로가

지루해하지 않도록 무화과 열매들을 늙은 나무 그루터기에 놓아 두었다.

자기가 바보같이 느껴져서 화가 난 아델라는 눈물을 글썽이면서도 입가에는 웃음을 띠고 무화과 열매를 던지기 시작했다. 그중 하나가 내 이마에 명중했다. 나와 로시이요도 따라하면서 우리는 난생 처음으로 소리소리 지르며 무화과 열매를 입으로, 눈으로, 코로, 옷소매로, 목으로 쉬지 않고 먹었다. 빗나간 무화과 열매들은 상쾌한 새벽 포도밭에 떨어졌다. 무화과 열매 하나가 플라테로를 맞히면서 그는 광란의 과녁이 되어 버리고 말았다. 가련한 당나귀는 스스로 방어할 수도, 저항할 수도 없었기에 내가 그의 편이 되었다. 푸른색 부드러운 총탄이 맑은 공기를 가르며 마치 빠른 연발탄처럼 사방에서 날아왔다.

웃고 웃다가 지쳐 쓰러져 땅 위를 구르면서 여자아이는 항복을 외쳤다.

X
삼종기도[*]

와! 플라테로야, 사방으로 장미가 쏟아지다니. 파란 장미, 흰 장미, 색깔 없는 장미…… 하늘이 장미꽃들로 조각조각 부셔졌다고나 할까. 이것 봐, 내 이마와 어깨와 손에도 장미투성이구나. 이 많은 장미들을 어쩌지?

이 부드러운 꽃들이 어디에서 왔는지 너는 혹시 아니? 매일 어디에서 와서, 마치 무릎을 꿇고 영광을 드리는 천사를 그린 프라 안젤리코[*]의 그림처럼 분홍색, 흰색, 하늘색으로 주변을 정겹게 해주는지 나는 모르겠어.

사람들은 천국의 일곱 개 회랑에서 땅으로 장미를 뿌려 준다고 생각하겠지. 애매하고 막연한 색깔의 눈밭이 생긴 것처럼 탑에도 지붕에도 나무에도 장미 눈이 내렸어. 봐, 장미 장식 때문에 강해 보이는 것도 부드러워졌어. 더 많은 장미들, 또 장미들, 장미들…….

플라테로야, 삼종기도 종소리가 울리는 동안 우리의 일상적인 삶은 힘을 잃고 우리 내면의 다른 힘, 즉 더 숭고하고 한결같으며 더 순수한 다른 힘이 은총의 샘처럼 우리의 삶을 장미들 사이에

서 불을 밝힌 별들에게 올려 주는구나. 더 많은 장미들……. 플라
테로야, 너는 모르겠지만 부드럽게 하늘을 올려다보는 네 눈은 아
름다운 두 송이 장미란다.

XI

죽음 자리

혹시 네가 나보다 먼저 죽는다면, 내 사랑 플라테로야, 너는 아무도 사랑해 주지 않는 강아지나 말들이나 불쌍한 당나귀처럼 길거리 장사치의 수레에 실려서 늪지대로 가거나 산의 벼랑에 버려지는 일은 없을 거야. 네 갈비뼈의 살과 피를 까마귀가 파먹고 산후안역*으로 가는 장사꾼들의 구경거리가 되는 일도 없을 것이고 도랑의 썩은 조개들 사이에 버려져서 굳어진 몸이 물에 불은 채로, 가을날 일요일 오후 소나무 숲으로 잣을 구워 먹으러 올라온 아이들이 두려움 반 호기심 반으로 나뭇가지에 매달려 산언덕 가장자리로 고개를 내밀어 보는 구경거리가 되지도 않을 거야.

편안히 살아, 플라테로. 나는 네가 좋아하는 소나무 숲에서 크고 둥근 소나무 아래 너를 묻을 거야. 너는 즐겁고 평온한 삶의 옆에 있을 거야. 네 곁에서 남자아이들이 뛰어놀고 여자아이들은 낮은 의자에 앉아 바느질을 할 거야. 내가 외로울 때는 네게 시를 읽어 줄 거야. 또 너는 소녀들이 오렌지 밭에서 빨래하며 부르는 노래도 들을 수 있어. 펌프질 소리는 네 영원한 평화를 깨는 신선함과 즐거움이 될 거야. 그리고 일 년 내내 분홍 방울새, 검은 방울

새, 초록 방울새들이 네가 조용히 잠든 곳과 항상 푸르고 드넓은 모게르 하늘 사이를 음악으로 가득 채워 줄 거야.

XII

가시

말 목장으로 들어가면서 플라테로가 발을 절기 시작했다. 나는 땅으로 내려섰다.

"왜 그래? 무슨 일이야?"

플라테로는 아무런 기운 없이 뜨거운 모래 길 위로 발굽을 대지도 못한 채 오른쪽 앞발을 약간 들어서 발굽의 살을 보여 주었다.

나는 플라테로의 주치의인 늙은 다르봉 선생님보다 더 정성스럽게 플라테로의 앞발을 접어 그의 발굽 사이의 맨살을 들여다보았다. 싱싱한 오렌지 나무 같은 초록색의 긴 가시가 둥근 에메랄드 침처럼 박혀 있었다. 플라테로가 얼마나 아플까 몸서리치며 가시를 뽑고 가엾은 그 녀석을 노란 나리꽃이 핀 개울로 데려가, 맑고 긴 혀를 가진 흐르는 개울물이 그의 상처를 핥아 주도록 하였다.

잠시 후, 우리는 하얀 바다를 향하여 계속 걸어갔다. 내가 앞장서고 플라테로는 뒤에서, 아직 여전히 절룩거리며, 내 등을 부드럽게 치면서······.

XIII

제비

저기 있다, 벌써, 플라테로야. 몬테마요르 성모님 방*의 회색 둥지에 까맣고 팔팔한 제비가 있어. 가엾게도 잔뜩 겁을 먹었군. 지난주에 일식으로 두 시에 해가 가려지자, 닭들이 집으로 들어가 버렸듯이 이번에는 불쌍한 제비들이 착각을 한 것 같아. 올해 봄이 더 일찍 깨어나는 양 교태를 부렸지만, 3월 한 달을 안개 긴 둥지에서 연한 알몸으로 떨면서 조금 더 기다려야만 해. 오렌지 밭의 장미 봉오리들이 피지도 못하고 시드는 모습이 얼마나 애처롭던지!

플라테로야, 벌써 제비들이 왔지만 거의 지저귀는 소리는 없어. 예년에는 도착한 첫날부터 두리번두리번 돌아다니며 인사하느라 쉬지 않고 지저귀었는데. 아프리카에서 본 것을 꽃들에게 들려주고 바다를 두 번이나 여행하며 물에 빠졌던 이야기, 날개로 돛을 삼았던 일, 또는 배의 밧줄에 앉아서 쉬었던 일, 낙조와 오로라, 별들이 쏟아지는 밤의 이야기들을 들려주었단다.

제비들은 무엇을 해야 할지 모르는 모양이야. 길에서 한 아이가 밟아 뭉개던 그 개미들처럼 제비들은 입을 다물고 우왕좌왕 날고 있구나. 질서정연하게 일렬로 대열을 맞추어서 누에바 거리를 오르락내리락 하지도 않고 우물 속의 둥지에 들어가려 하지도 않고 봄소식을 전하는 전형적인 새처럼 흰색 전신주의 윙윙대는 전깃줄에 앉으려 하지도 않는구나……. 플라테로야, 제비들이 얼어 죽겠어!

XIV

마구간

정오에 플라테로를 보러 갔을 때 열두 시의 투명한 한줄기 햇살에 그의 부드러운 은빛 잔등이 커다란 황금색 점처럼 보였다. 플라테로의 배 아래로는 초록색 어두운 땅바닥이 햇살에 전염되어 온통 에메랄드 같았고 낡은 지붕의 틈새로는 하얀 동전이 쏟아지듯 찜통 불볕이 내리쬐고 있었다.

플라테로 다리 사이에 누워 있던 디아나가 춤추듯 내게로 와서 장밋빛 혀로 내 입을 핥고 싶은지 손을 내 가슴에 올려놓는다. 구유통 위에 올라앉은 산양은 여성스러운 자태로 귀여운 머리를 이리 저리 갸우뚱거리며 호기심어린 눈길로 나를 바라본다. 그 사이 플라테로는 내가 들어가기도 전에 이미 우렁찬 목소리로 인사를 하고 즐겁게, 그러나 열심히 묶인 줄을 끊으려 시도한다.

무지갯빛, 하늘의 보석을 실어 나르는 채광창을 통해 나는 한순간 햇살을 타고 지상으로부터 하늘로 오른다. 그리고 바위 위에 올라가 들판을 내려다본다.

푸른 풍경은 졸린 듯 흐드러지게 피어 있는 꽃밭 사이에서 헤엄을 치고, 퇴락한 성벽이 시야를 가리고 있는 맑고 푸른 하늘에는 느리고 부드러운 종소리가 울린다.

XV

거세

그것은 주홍, 초록, 파랑색의 반점이 있는, 딱정벌레와 까마귀처럼 은을 입힌 것 같은 까만 조랑말이었다. 그의 어린 두 눈에는 때때로 마르케스 광장의 밤 장수 라모나 아줌마의 화롯불처럼 붉은 불길이 활활 타오르는 듯 번쩍였다. 그는 짧은 말발굽 소리를 종소리처럼 울리면서 프리세타 거리*의 모랫길에서 누에바 거리*의 포장도로로 마치 개선장군처럼 들어오곤 했다. 자그마한 머리와 가느다란 다리들이 얼마나 날렵하고 예민하며 또한 활달했던가!

포도주 저장고의 멋진 배경이 되고 있는 카스티요 술집*이 만들어 준 그늘 아래 자기보다 더 까맣게 보이는 저장고의 낮은 문을 우아하게 지나가던 그는 누구든 장난만 걸어 주면 신나게 놀 준비가 되어 있었다. 그는 아름드리 소나무로 된 문지방을 뛰어 넘으며, 닭과 비둘기, 참새들이 호들갑을 떠는 초록 농장 안으로 즐겁게 들어갔다. 그곳에는 알록달록한 셔츠 위로 털북숭이 팔이 드러난 남자 네 명이 팔짱을 낀 채 기다리고 있었다. 그들은 작은 말을 후추나무 아래로 데려갔다. 처음엔 부드럽게 다루더니 나중엔 거친 싸움 끝에 그를 강제로 퇴비더미 위에 던져 놓고 모두 말 위에 올라탔다. 다르봉 선생님은 어린 말의 통렬하고 마술적인 남성미를 빼앗아 가 버림으로써 자신의 임무를 완수했다.

> 피지도 못한 너의 아름다움은 무덤에 누웠고
> 피어난 아름다움은 살아 사형집행인이 되었다.*

라고 셰익스피어는 자신의 친구에게 말한다.

　이제 말이 된 조랑말은 땀범벅이 된 채, 기운 없이 슬프게 늘어져 있었다. 한 남자가 그 말을 일으켜 담요로 덮어서 천천히 아랫길로 데려갔다.

　어제는 부드러우면서도 단단한 빛이었던 그 말이 덧없는 구름처럼 저렇게 가엾게 되다니! 그는 마치 낱장이 뜯어진 책처럼 걸어갔다. 이제 더 이상 땅 위를 걷는 것 같지 않았다. 마치 폭풍이 몰아친 어느 봄날 아침의 추억처럼, 느닷없이 뿌리 뽑힌 나무처럼 그의 말발굽과 돌들 사이에 어떤 새로운 것이 그 말을 소외시킨 것 같았다.

XVI
앞집

플라테로야, 내가 어렸을 때 우리 앞에 있던 집들은 얼마나 하나같이 멋졌는지 몰라! 우선 리베라 거리*에 있는 물장수 아레부라 집에는 항상 햇살이 깃드는 남향의 목장이 있었고 나는 그 울타리 토담에 올라 우엘바를 바라보곤 했어. 그곳에 자주 갈 수 있었던 것은 아니지만, 내가 갈 때마다 아레부라의 딸이 — 그때 내게는 여인으로 보였는데, 그녀는 결혼을 한 지금도 그때와 다르지 않아 보여 — 내게 레몬도 주었고 뽀뽀도 해 주었지…….

그 다음엔 누에바 거리, 그 다음엔 카노바스, 그리고 다음에는 프라이 후안 페레스에 살았는데, 누에바 거리에 살 때는 세비야의 과자 사업가인 돈 호세의 집이 우리 앞집이었어. 돈 호세의 금장식이 달린 가죽 부츠는 눈부셨는데, 그 집 마당의 용설란에 달걀 껍데기로 방울을 만들어 달았고, 현관문들은 노란색을 칠하고 파란색으로 띠를 둘렀으며, 돈 호세가 때때로 우리 집에 오면 아버지는 돈을 건네고 돈 호세는 아버지에게 올리브 밭에 대한 이야기를 했었어……. 그 가련한 후추나무가 내 어린 시절의 그 많은 꿈들을 얼마나 흔들어 놓았는지! 나는 돈 호세의 집 지붕 위, 참새가 가득 앉아 있는 그 나무를 내 발코니에서 보곤 했어. 내겐 그 나무가 두 그루였어. 절대로 같은 나무로 보이지 않았지. 하나는 내 발코니에서 보이는 것, 바람과 태양이 함께하는 나무 꼭대기였고 다른 하나는 돈 호세 집의 울타리에서 보이는 그 나무의 몸통이었어…….

맑은 날 오후, 비가 오는 낮잠 시간에, 매일 매일 또는 매 시간의 미묘한 변화마다 우리 집 덧문을 통해, 내 방 창문을 통해, 우리 집 발코니를 통해 거리의 침묵 속에서 앞집을 바라보는 것이 얼마나 짜릿하고 얼마나 흥미진진했던지!

XVII

바보 아이

우리가 산호세 거리를 통해 돌아올 때마다 항상 어떤 바보 아이가 자기 집 문 앞에서 의자에 앉아 다른 사람들이 지나가는 것을 보고 있었다. 그 아이는 말하는 능력도, 은총의 선물도 전혀 받지 못한 가엾은 아이들 중 하나였다. 자신은 명랑했지만 남들이 보기에는 불쌍해 보였다. 아이 엄마에게는 그 아이가 전부였지만 다른 사람들에게는 아무 것도 아니었다.

어느 날 저 흉악한 검은 바람*이 하얀 거리를 지나갔을 때 더 이상 그 집 앞에서 아이를 볼 수 없었고, 문지방 위에서 새 한 마리가 외롭게 울었다. 나는 시인이기보다는 아버지로서의 쿠로스*가 생각났다. 아들을 잃은 그는 갈리시아의 나비에게 아이의 안부를 물었다.

금빛 날개의 나비야……

이제 봄이 왔는데 나는 산호세 거리에서 하늘로 가 버린 그 바보 아이를 생각한다. 하늘나라에서 그 아이는 만발한 장미들 옆에서 여전히 자기 의자에 앉아서 새롭게 뜬 제 두 눈으로 천사들의 황금빛 행렬을 보고 있을 것이다.

XVIII

유령

버터 장수 아니야의 최고의 즐거움은 유령으로 변장하는 거야. 그녀의 괄괄한 성격과 푸르른 젊음에서 끊임없이 즐거움이 샘솟았지. 침대보를 뒤집어쓰고, 얼굴에 밀가루를 바르고, 이빨로 마늘쪽들을 물고서, 저녁 식사 후 우리가 노곤해서 반쯤 졸고 있을 때, 호롱불을 들고 대리석 계단을 통해 갑자기 나타나서, 소리 없이, 당당하게, 천천히 걸어오는 거야. 그런 식으로 나타나면, 마치 그녀의 알몸이 옷이 된 것 같았어. 그래. 저 위의 어둠에서 내려온 무덤의 귀신 같아 보였지만 동시에 온통 하얀색으로 뒤집어쓴 모습이 왠지 관능적으로 보였지…….

플라테로야, 나는 9월의 그 밤을 절대로 잊지 못할 거야. 폭풍우가 한 시간 가량 마치 병든 심장처럼 마을 위에서 팔딱거렸어. 천둥과 번개가 집요하게 치는 사이 폭우와 우박이 쏟아졌어. 저수지가 넘쳐서 마당으로 물이 들어왔어. 아홉 시 막차, 만종, 집배원 등 마지막 친구들은 이미 모두 지나갔어. 나는 떨면서 부엌으로 물을 마시러 갔지. 번쩍하며 번개가 칠 때 벨라르데의 유칼립투스 나무가 — 우리가 뻐꾸기 나무라고 불렀던 그 나무는 그날 밤 쓰러졌어 — 창고 지붕 위로 넘어지는 것을 보았어…….

메마른 괴성이 갑자기 나가 버린 불의 그림자처럼 온 집안을 덮쳤어. 우리 모두가 정신을 차렸을 때 우리는 다른 사람은 안중에도 없이 모두 숨을 곳을 찾아 숨어 있었지. 누구는 머리를 부딪쳤다고, 누구는 눈이, 다른 사람은 가슴이 아프다고 난리였지. 차츰 우리는 자기 자리로 돌아왔어.

폭풍우가 물러갔고…… 거대한 구름 사이로 위아래가 잘려 버린 달이 물로 가득 찬 마당을 하얗게 비추고 있었어. 우리는 모두 달을 보러 갔어. 로드는 담장 계단을 향해 미친 듯이 짖으며 왔다 갔다 했어. 우리는 로드를 따라갔어. 그런데 플라테로야, 그 밤에 꽃밭 옆에 구역질나는 냄새를 풍기며 가엾은 아니야가 유령 차림새로 다 젖은 채 쓰러져 죽어 있는 거야. 벼락에 맞아 검게 탄 손으로는 아직도 꺼지지 않은 호롱불을 들고서.

XIX

붉은 풍경

산마루. 해거름이다. 제 품속에 있던 유리에 베어서 온 사방으로 피가 튄 듯, 온통 자줏빛이다. 그 빛을 받은 푸른 소나무는 차츰 붉은색을 띠며 시들해지고 밝고 투명하게 빛나는 나뭇잎과 꽃들은 촉촉이 파고들며 빛나는 정수(精髓), 그 향기로 적적(寂寂)한 순간을 감싼다.

나는 낙조를 보면 황홀경에 빠진다. 검은 두 눈이 낙조의 광채로 물든 플라테로는 주황색, 장밋빛, 보라색 물웅덩이로 조용히 다가간다. 거울 같은 그 물에 부드럽게 입을 대면, 그의 거대한 목구멍으로 그림자 드리워진 핏빛 물이 풍부한 물살을 이루며 마냥 흘러든다.

우리가 이미 알고 있는 장소이지만 순간 그곳은 유적지나 기념비처럼 낯설게 변한다. 마치 매 순간 버려진 궁전을 발견하러 가는 것 같다고나 할까……. 오후는 길게 늘어지고 영원에 물든 시간은 무한하고 평화로우며 그 깊이를 알 수 없나니…….

"자, 가자, 플라테로."

XX

앵무새

플라테로와 내가 친구인 프랑스 의사 선생님 집 마당에서 앵무새와 놀고 있었을 때, 단정치 못하고 근심에 찬 젊은 여자가 언덕 아래에서 우리가 있는 곳까지 왔다. 우리에게 다가오기 전에 걱정스러운 내 표정을 보았는지 내게 간청하듯 말했다.

"보시오, 도령. 여그 의사 선상님 있당가요?"

그 여자 뒤로 구질구질한 아이들이 숨을 헐떡이며 언덕을 오르고 있었다. 드디어 여러 사람들이 핏기 없이 창백하고 다 죽어가는 다른 사람을 데리고 왔다. 그 사람은 사냥이 금지된 도냐나*에서 사슴을 잡던 밀렵꾼이었다. 가는 노끈으로 묶여진 낡고 우스꽝스러운 엽총이 발사되어 밀렵꾼의 팔에 탄알이 박힌 것이었다.

내 친구는 친절하게 다가가서 팔을 묶어 놓은 지저분한 헝겊을 걷어 내고 피를 닦아 낸 후 뼈와 근육을 살펴보았다. 그리고는 가끔씩 내게 "괜찮아"라고 프랑스어로 말해 주었다.

오후가 되었다. 우엘바* 쪽에서 늪지와 타르, 생선 냄새가 났다. 장밋빛 석양 위로는 오렌지 나무의 두껍고 둥근 잎들이 에메랄드빛 비로드처럼 빛났다.

불쌍한 밀렵꾼이 흘리는 눈물은 태양빛으로 가득 찼고 간혹 자지러지는 비명 소리가 들렸다. 그러자 앵무새는 "괜찮아"라고 프랑스어로 말했다.

내 친구는 환자의 상처를 붕대로 감아 주었다…….

그 가엾은 사람은 "아이야야!" 하며 자지러졌다.

라일락꽃 사이에서 앵무새는 "괜찮아……괜찮아……"라고 프랑스어로 외쳤다.

XXI
옥상

플라테로야, 너는 옥상에 올라가 본 적이 없지. 어두운 나무 계
단을 올라가면, 가슴이 탁 트이는 그 기분을 너는 모를 거야. 한낮
의 태양이 내리쬐고, 파란 하늘이 바로 옆에 있는 듯하며 하얀 석
회 벽에 눈이 부셔서, 벽돌 바닥에 드러누워 구름 속의 물이 빗물
통에 깨끗하게 내리기를 기다리는 느낌이라니……

옥상에서는 얼마나 신나는지! 종탑의 종소리가 강하게 뛰는 우
리 마음에 맞춰서 가슴에서 울리고 저 멀리 포도밭에서는 은색
팽이가 햇빛에 빛나 보인단다. 옥상에서는 모든 것이 보여. 다른
집 옥상, 울타리, 의자 제조공, 화가, 통목수 등 남들이 알아주지
는 않지만 각자 자신의 일에 열중하는 사람들, 오랜 자국들이 남
아 있는 나무로 만든 소나 양의 우리들, 공동묘지와 그곳에 간혹
나타나는 수수하고 볼품없이 까만 옷을 입은 사람들의 단출한 장
례식 행렬, 셔츠를 입은 여자아이가 머리를 빗으며 노래를 흥얼거
리는 모습이 보이는 창문들, 큰 배가 서서히 들어오고 있는 것이
보이는 강, 무명의 음악가가 작은 트럼펫을 들고 연습하고 있는 들
판, 그리고 그곳에서 격렬하고 왕성하고 맹목적인 사랑을 자연스

럽게 나누는 것까지 모두 다 보인단다.

집이 지하로 사라지는 것 같아. 유리 천장을 통해 보이는 아래 층의 일상적인 삶은 참 이상하기도 하지! 말소리, 소음 그리고 정원조차 위에서 보니 참 예쁜 걸. 나를 못 본 채 물통에서 물을 마시거나 바보처럼 참새나 거북이와 놀고 있는 플라테로 너까지도 말이야!

XXII

집에 가는 길

우리 둘이서 산에서 돌아오고 있었다. 플라테로는 박하꽃을 잔뜩 지고 나는 노란 수선화를 가득 안고 있었다.

4월의 오후가 저물고 있었다. 석양은 금빛 수정에서 은빛 수정으로 되었다가 매끄럽게 빛나는 수정 백합처럼 보였다. 그리고 광활한 하늘은 마치 에메랄드로 변하는 투명한 사파이어처럼 보였다. 나는 슬펐다.

언덕길에 접어들자, 반짝반짝 빛나는 타일로 장식된 마을의 종탑*은 순수한 시간을 알려 주며 웅장한 모습을 드러낸다. 가까이서 보면 축소해 놓은 히랄다 탑*처럼 보이는 종탑은 매해 봄이면 도지는 도시에 대한 향수를 달래 준다.

귀가라…… 어디로? 어디에서? 무엇을 위해서? 그러나 내가 안고 오는 수선화는 이제 막 접어드는 선선한 저녁 무렵에 그 짙은 향기를 뿌린다. 코를 찌를 듯한 수선화 향기는 꽃과 상관없이 더 모호하게 퍼져 간다. 그것은 외로운 어둠 속에서 몸과 영혼을 취하게 만드는 꽃향기다.

"내 영혼이여, 어두움 속의 수선화여!"라고 나는 말했다. 그리고 문득 나를 태우고 가는 플라테로를 마치 내 몸의 일부인 양 잊고 있었다는 생각이 들었다.

XXIII

닫힌 철문

  우리가 디에스모 양조장*에 갈 때마다 나는 산 안토니오 거리의 모퉁이를 돌아 들판으로 나 있는 굳게 닫힌 철문으로 가곤 했다. 나는 창살 사이에 얼굴을 내밀고 내 시선이 닿을 수 있는 최대한의 거리를 좌우로 살펴보았다. 쐐기풀과 당아욱 사이의 닳아 버린 문지방에서 시작된 내리막 오솔길은 저 아래 앙구스티아스 거리에서 사라져 버렸다. 그리고 담 밑으로는 내가 한 번도 가본 적 없는 넓고 큰 길이 있었다.

  철창 밖에서도 볼 수 있던 경치와 하늘이었지만 네모난 철창을 통해 보는 경치와 하늘은 어쩌면 그렇게 멋지고 황홀한 경험이었는지! 그것은 마치 사각의 철창을 통해서만 공연을 볼 수 있도록 눈에 보이지 않는 지붕과 벽이 주변의 것들을 모두 가려 버린 느낌이었다……. 그리고 도로와 다리, 도로변의 포플러 나무들, 벽돌을 찍어 내는 공장, 팔로스 언덕, 우엘바의 증기선들이 보였고, 해가 질 때면 리오 틴토 부둣가*의 불빛과 보랏빛의 막바지 해거름을 배경으로 거대하고 쓸쓸한 모습이 부각되는 아로요스의 유칼립투스 나무도 보였다…….

양조장 아저씨들은 내게 웃으며 그 철문에는 열쇠도 없다고 말했다……. 내 꿈속에서 끝없이 생각이 오락가락하는 가운데 그 철문 앞에는 아주 화려한 정원과 환상적인 초원이 펼쳐졌다……. 그래서 언젠가 한번 악몽을 꾼 다음 꿈에 취해서 대리석 계단을 날아서 내려가려고 했던 적이 있던 것처럼, 나는 그 창살 뒤로 내가 원하든 원치 않든 현실과 뒤섞인 나의 환상이 펼쳐지고 있다고 믿었기에 아침마다 수천 번이나 철문을 향해 뛰어내려가곤 했던 것이다.

XXIV

돈 호세 신부님

이제 보인다, 플라테로야. 저기 축성을 받고 입에 발린 소리를 하며 가시는 신부님 말이야. 하지만 진짜 천사 같은 존재는 마치 그분의 부인처럼 느껴지는 당나귀야.

언젠가 신부님 농장에서 어부 양말을 신고 챙 넓은 모자를 쓰신 신부님이 오렌지를 훔쳐 가는 꼬마들에게 욕을 하며 돌멩이를 던지는 걸 너도 보았었어. 금요일마다 신부님의 집사인 불쌍한 발타사르가 서커스 공처럼 생긴 자루를 바닥에 질질 끌고 마을로 가서 볼품없는 빗자루를 팔고 가난한 사람들과 함께 죽은 부자들을 위해 기도하는 것을 너도 수천 번 보았겠지⋯⋯.

난 누군가에 대해 그렇게 나쁘게 말하는 것도, 하늘에 대해 그렇게 시끄럽게 맹세하는 것도 본 적이 없어. 물론 신부님도 다섯 시 미사에서 말씀하시듯이 각각의 사물이 어디에 어떻게 있어야 하는지 당연히 알고 계실거야⋯⋯. 그런데 나무, 흙, 물, 바람, 촛불처럼 그렇게 사랑스럽고 부드럽고 신선하고 순수하고 활기 넘치는 것들도 신부님에게는 너무도 무질서하고 단단하고 차갑고 사납고 썩어 가는 물건으로 보이나 봐. 농장의 돌들은 화가 난 신부님이 날마다 새들과 세탁부들, 아이들과 꽃을 향해 무자비하게 던지는 바람에 밤마다 다른 자리에서 잠이 든단다.

그런데 기도할 때는 완전히 달라지지. 호세 신부님의 침묵은 들판의 침묵 속에도 들릴 정도야. 까만 사제복을 입고 망토를 두르고 모자를 쓰신 신부님은 주변엔 아무런 관심도 없이 죽음이 기다리는 예루살렘에 입성하시는 예수님처럼, 느릿느릿 걸어가는 나귀를 타고 마을의 어둠 속으로 사라지신단다.

XXV

봄

아! 넘치는 생기와 향기들!
아! 초원의 웃음소리!
아! 새벽의 기상나팔 소리!

(민요)

새벽 선잠 결에 들리는 짓궂은 꼬마들 소음이 나를 짜증나게 한다. 결국 나는 더 이상 잠들지 못하고 화가 잔뜩 난 채 침대에서 벌떡 일어난다. 그런데 열린 창문으로 들판을 내다보니 그렇게 난리법석을 쳤던 것이 새들이었다는 걸 깨닫는다.

정원으로 나가 푸른 날을 주신 하느님께 감사를 드린다. 부리를 가지고 지저귀는 신선하고 끝없는 자유 콘서트! 둥지에서 쩍쩍 소리를 내는 앙증맞고 곱슬곱슬한 제비, 바닥에 떨어진 오렌지 위에서 노래하는 구관조, 힘이 넘쳐 떡갈나무들 사이를 이리저리 날아다니며 떠들어 대는 개똥지빠귀……. 검은 방울새는 유칼립투스 나무 꼭대기에 앉아 틈만 나면 오래도록 웃어 젖히고, 커다란 소나무에서는 참새들이 왁자지껄 말다툼하고 있다.

얼마나 아름다운 아침인지! 태양은 이 땅 위에 황금과 순은의 기쁨을 부려 놓고, 색색의 나비들은 집을 들락날락하고 꽃과 꽃 사이를 오가며 아침 사방에서 펄럭거린다. 들판도 건강하고 새로운 삶이 들끓으며 삐걱거리고 폭발하듯 열리고 있다.

우리는 마치 거대하고 뜨겁게 불타는 장미 송이 안의 빛이 가득한 큰 벌통 속에 있는 듯하다.

XXVI
저수조

플라테로야, 잘 봐. 저수조가 요즘 내린 빗물로 가득 찼구나. 이제 그 바닥에는 물이 조금밖에 없을 때처럼 메아리도 없고 천장의 노랗고 파란 유리가 만들어 낸 형형색색의 보석처럼 태양이 비치는 발코니도 보이지 않는구나.

플라테로야, 너는 한 번도 거기 내려가 보지 않았지. 나는 가보았어. 몇 년 전에 사람들이 저수조를 비웠을 때 내려가 보았지. 봐, 긴 복도가 있고 작은 방이 있어. 그 방에 들어갔을 때 내가 들고 있었던 촛불이 꺼졌고 불도마뱀이 내 손에 떨어졌지. 마치 해적 깃발 속 해골 밑에 교차하는 두 개의 칼처럼 내 가슴에 두 차례 끔찍한 한기가 느껴졌어. 마을 전체가 저수조와 회랑으로 파져 있어, 플라테로야. 가장 큰 저수조는 카스티요의 옛 성터 광장인 살토 델 로보의 마당에 있어. 가장 좋은 것은 너도 알다시피 눈처럼 하얀 한 덩어리의 대리석으로 조각된 둘레돌이 있는 우리 집 저수조야. 성당의 회랑은 푼탈레스의 포도밭까지 연결되어 강 옆의 들판으로 이어지지. 병원에서 나오는 것은 끝없이 이어져서 아무도 그 끝까지 가 볼 엄두를 못 냈지⋯⋯.

내가 어렸을 때 긴긴밤 내내 비가 왔던 날들을 기억해. 그때 나는 옥상에서 저수조로 떨어지는 둥근 물방울이 흐느끼는 소리에 밤을 꼬박 새웠지. 그 다음 날 아침에 우리 모두는 물이 어디까지 찼는지 보러 미친 듯이 뛰어갔어. 그때도 오늘처럼 거의 꼭대기까지 차 있어서 사람들이 놀라서 소리를 지르고 감탄하기도 하고 온통 난리법석이었단다.

……좋아, 플라테로야. 이제 나는 네게 이 시원하고 맑은 물을 한 두레박 길어다 줄게. 비예가스가, 맞아, 벌써 오래 전에 코냑과 브랜디 같은 독한 술에 몸이 절어 버린 불쌍한 비예가스가 단숨에 들이켰던 그 두레박으로…….

XXVII

옴 오른 개

그 개는 숨을 헐떡이며 마른 체구를 끌고 종종 농장 집까지 오곤 했다. 불쌍하게도 고함 소리와 돌팔매질에 익숙해서 늘 도망치듯 걸어 다녔다. 심지어 다른 개들까지 그에게는 송곳니를 드러내며 으르렁대곤 했다. 그러면 그 개는 다시 오후의 햇빛을 받으며 천천히 슬프게 산 아래로 사라졌다.

그날 오후 그 개는 디아나 뒤를 따라 왔다. 내가 나갔을 때 농장 감시인은 단숨에 엽총을 꺼내어 개를 쏘았다. 막을 시간이 없었다. 그 가엾은 개는 배에 총알을 맞고 날카로운 신음소리를 내며 순간적으로 빙그르르 돌더니 아카시아 나무 아래 쓰러졌다.

플라테로는 귀를 쫑긋 세우고 뚫어져라 그 개를 바라보았다. 디아나는 겁에 질려서 여기 저기 숨기 바빴다. 농장 감시인은 아마도 후회가 되었는지 무엇인지 몰랐다고 변명을 늘어놓았고, 오히려 자신의 감정을 감추려고 쓸데없이 역정만 냈다. 그의 죽음을 애도하듯 햇빛마저 자취를 감추었다.

오수(午睡)가 아직 황금빛으로 물든 들판 위로 펼쳐 놓은 깊게 짓누르는 침묵 속에 바닷바람에 흔들리는 유칼립투스 나무들은 죽은 개 위에서 폭풍을 향해 점점 더 사납게 울부짖었다.

XXVIII

연못*

기다려, 플라테로야……. 아니면 그 부드러운 초원에서 잠시 풀
을 뜯고 있으렴. 그동안 나는 이 아름다운 연못을 좀 보고 싶단다.
오랫동안 보지 못했거든.

너무나도 청초한 연못가의 백합들이 매혹되어 바라보고 있는
그윽한 황록색 아름다움을 짙은 물 위를 지나는 태양이 어떻게
빛내 주고 있는지 보아라……. 비로드로 만든 계단은 끝없이 미로
로 내려가고, 꿈의 신화가 한 내면의 화가의 넘치는 상상력에 제
공해 주는 이상적인 마법의 동굴들, 커다란 초록색 눈이 인상적이
었던 미친 왕녀의 영원한 우울증이 만들어 냈을 법한 저 관능적
인 정원들, 석양의 해가 기울어 가며 썰물을 비추었던 어느 오후
의 바다에서 보았던 것 같은 폐허가 된 궁궐들……. 그리고 더 많
고 많은 것들……. 존재하지 말았어야 하는 망각의 정원에서 고통
스러웠던 봄날을 상기시키는 그림과 그 영원한 의상의 덧없는 아
름다움을 추구하면서 가장 이루기 어려운 꿈이 사로잡을 수 있었
을 모든 것들……. 작은 모든 것, 그러나 광대한 것, 왜냐하면 멀리
떨어져 있으니. 셀 수 없는 감각들의 열쇠, 열기에 들뜬 가장 늙은

마술사의 보물……

플라테로야, 이 연못은 전에는 내 심장이었어. 그냥 그렇게 느껴졌어. 고독 속에 정체되어 있는 경이롭고 화려한 독을 품고 있는 아름다움……. 인간적인 사랑이 그것에 상처를 내면 둑이 무너지며 그 물이 다시 순수하고 깨끗해질 때까지 썩은 피가 흘러내렸지. 마치 4월의 따뜻한 황금 햇살을 받으며 넓게 고여 있는 평원의 냇물처럼.

그러나 때때로 과거의 창백한 손이 예전 자신의 외로운 초록색 연못으로 데려가면 나는 네게 "불분명하고 막연한" 목소리로 읽어 주었던 셰니에*의 목가에 나오는 알시드에 대한 일라스의 응답처럼 "고통을 달콤하게 하기 위한" 명백한 부름에 응답하듯 또 다시 마법에 걸리곤 한단다.

XXIX

4월의 목가

플라테로와 함께 버드나무 개울로 놀러 갔던 아이들이 떠들썩하게 웃고 장난치면서 노란 꽃을 잔뜩 등에 지고 타박타박 걷는 플라테로를 데리고 이제야 돌아온다. 그 아래 개울에는 비가 왔다. 그 덧없는 구름은 푸른 들판을 금색과 은색실로 덮어 놓고 그 실 위에서 리라의 현이 퉁기듯 무지개가 몸을 떤다. 흠뻑 젖은 조그만 당나귀의 털에서는 조그만 종들이 물을 머금고 아직도 떨어지고 있다.

얼마나 신선하고 즐겁고 감상(感傷)적인 목가인가! 비에 젖은 달콤한 꽃 덕분에 플라테로의 울음소리까지 부드럽게 느껴지다니! 플라테로는 이따금 고개를 돌려 제 입이 닿는 꽃들을 따먹는다. 노란 꽃과 눈처럼 하얀 꽃들은 하얗고 푸르스름한 당나귀의 입에 잠시 매달린 듯 하다가 뱃속으로 사라져 버린다. 플라테로야, 나도 너처럼 꽃을 먹을 수 있다면……. 그리고 아무 탈도 나지 않는다면!

이상한 4월의 오후……! 플라테로의 초롱초롱 빛나는 눈은 햇살과 빗줄기를 빠짐없이 담아내고 있고 산후안 들판에 석양이 질 때 또 다른 장밋빛 구름이 실을 풀어헤치며 비를 뿌린다.

XXX

카나리아가 날아오르다

어느 날, 초록색 카나리아가 어떻게 나왔는지, 왜 그랬는지 알수 없지만, 새장에서 빠져나왔어. 그 늙은 카나리아는 세상을 떠난 한 노파가 남긴 슬픈 유물이었는데 나는 그 새가 굶어 죽을까봐 아니면 얼어 죽을까 봐 혹은 고양이에게 물릴까 봐 풀어주지못하고 있었지.

카나리아는 오전 내내 정원의 석류나무 사이로, 대문가 소나무에서, 그리고 나리꽃 사이로 날아다녔어. 아이들 역시 오전 내내회랑에 앉아 노랑 새의 짧은 날갯짓에 정신이 팔렸어. 플라테로는한가로이 장미 넝쿨 옆에서 나비와 장난을 쳤지.

오후에 그 카나리아는 그 집의 커다란 지붕에 앉아 기울어 가는 미지근한 햇살을 즐기고 있었어. 그러더니 갑자기 아무도 모르는 틈에 그 새가 또다시 즐겁게 새장 안에 앉아 있는 거야.

정원에서는 난리법석이었지! 아이들은 새벽 여명처럼 발그레한 얼굴에 웃음을 띠고 손뼉 치며 깡충깡충 뛰어 다니고 디아나는 웃고 있는 아이들을 정신없이 따라다니며 짖어 댔어. 플라테로는 디아나를 따라 공연히 제 몸뚱이를 씰룩이면서 마치 한 마리

새끼 산양처럼 뒷발을 차고 뛰어오르며 엉성한 왈츠를 추듯 몸을 돌리더니 앞발로 버티고 서서 맑고 부드러운 바람에 뒷발질을 해 대고 있더군…….

XXXI

악마

갑자기 트라스무로 모퉁이에서 짙은 먼지구름에 덮여 두 배나 더러워진 당나귀가 외롭고 무거운 발걸음으로 나타난다. 잠시 후 그 뒤를 따라 누더기 바지가 흘러내려 더러운 엉덩이를 드러낸 아이들이 흘러내린 누더기 바지를 추켜올리고 숨을 헐떡대며 그 당나귀를 향해 나뭇가지와 돌멩이를 던진다.

그 당나귀는 새까맣고 몸집도 크고 늙은 데다가 앙상하게 남은 뼈가 — 새로 오신 주임 신부님처럼 — 털도 없는 가죽을 뚫고 나올 것처럼 생겼다. 그 당나귀는 멈춰 서서 큰 콩같이 생긴 누런 이를 드러내면서 자신의 늙은 나이에 어울리지 않게 있는 힘을 다해 울부짖는다. 저 당나귀가 정신이 나갔나? 플라테로야, 저 당나귀를 모르니? 왜 저럴까? 저렇게 다급하고 거친 걸음으로 누굴 피해 달아나는 걸까?

그 당나귀를 보자 플라테로는 두 귀를 쫑긋 세우며 긴장하더니 곧 풀이 죽어서 내게로 와서는 배수구로 몸을 숨기며 도망치려 한다. 검은 당나귀는 플라테로 옆을 지나며 안장을 잡아당기고 냄새를 맡아 보고 수도원 벽을 향해서 울부짖더니 트라스무로 거리

아래로 빠른 걸음으로 사라져 버린다…….

 ……그것은 날씨가 더운 날 소름끼치도록 이상한 순간이었다.
— 내게? 아니면 플라테로에게? — 그 순간은 모든 것이 혼돈스러워서 마치 태양 앞에 검은 천이 드리워져 생긴 낮은 그림자가 바람이 갑자기 멈춰서 질식할 것 같은 거리 모퉁이의 눈부신 고독을 가려 버린 것 같다. 차츰차츰 우리는 현실로 돌아왔다. 위에서는 시장 사람들이 부산하게 움직이는 소리가 들린다. 리베라에서 막 도착한 장사치들은 작은 가자미들, 노랑촉수들, 버들치, 농어, 게들을 파느라 목청을 높인다. 오전 설교를 알리는 종소리가 들린다. 칼 가는 사람의 호루라기 소리도…….

 플라테로와 나는 둘 다 영문도 모르는 침묵 속에서 머물고 있고 플라테로는 아직도 몸을 떨면서 가끔씩 나를 올려다본다.

 "플라테로야, 아까 그 당나귀는 당나귀가 아니었던 것 같아……."

 그러자 플라테로는 말없이 부드러운 소리를 내며 몸 전체를 부르르 다시 떨더니 어둡고 낮은 시선으로 겁에 질린 채 도랑 쪽을 쳐다본다…….

XXXII

자유

길가의 꽃들을 정신없이 바라보던 내 시선을 빛으로 가득 찬 한 마리 새가 사로잡았다. 그 새는 촉촉한 초록색 들판에서 덫에 걸린 채 쉴 새 없이 다양한 색깔의 날개를 파닥거리고 있었다. 내가 앞장서고 플라테로가 뒤따르며 우리는 천천히 그 새에게 다가갔다. 그곳에는 그늘진 물웅덩이가 있었는데 개구쟁이 꼬마들이 새를 잡는 그물을 쳐 놓았다. 한없이 고통스러운 그 새의 슬픈 울음소리는 자기도 모르게 하늘을 나는 자신의 형제들을 부르고 있었다.

아주 맑고 순수하고 눈부시게 푸른 아침이었다. 옆에 서 있는 소나무에서는 목청 좋은 새들의 삼중창 약식 콘서트가 나무를 흔드는 부드럽고 청명한 바닷바람을 타고 들려왔다가 멀어졌지만 아주 사라지지는 않았다. 그토록 고약한 마음씨 옆에서 펼쳐지는 순진무구한 조촐한 콘서트!

나는 플라테로 등에 올라타 박차를 가하면서 걸음을 재촉해 소나무 숲으로 올라갔다. 울창한 소나무 숲 그늘로 들어가 손뼉을 치고 노래 부르고 고함을 질렀다. 플라테로도 나를 따라 한 번, 또

한 번 거칠게 울어 제쳤다. 커다란 우물 바닥에서 울리는 것처럼 깊고 낭랑한 메아리가 울려 퍼졌다. 새들은 노래하며 다른 소나무 숲으로 날아가 버렸다.

플라테로는 저 멀리 사나운 아이들이 내지르는 욕설이 들려오는 가운데 털북숭이 머리를 내 가슴에 문질러 댔다. 고맙다는 인사였지만 나는 가슴에 상처가 날 지경이었다.

XXXIII

헝가리인들[*]

저 사람들 좀 봐, 플라테로야. 마치 피곤한 개들이 뙤약볕 아래 길거리에 꼬리를 늘어뜨리고 있는 것처럼 저 사람들도 길게 뻗어 있네. 흙투성이 여인네는 자줏빛과 초록색 양모 누더기 옷 사이로 구릿빛 살이 삐져나온 채 솥바닥처럼 까만 손으로 주변의 마른 잡초를 뜯고 있구나. 온몸에 털이 난 조그만 여자아이는 숯을 가지고 추잡한 그림을 그리고 있고 꼬마 사내아이는 목청껏 울면서 마치 분수의 물이 솟아나오듯 자기 배 위에 오줌을 싸는구나. 남자와 원숭이는 제 몸을 긁고 있는데, 남자는 중얼대며 헝클어진 머리를 긁고 있고 원숭이는 앙상한 자신의 갈비뼈를 기타를 뜯는 양 긁고 있어.

가끔씩 그 남자는 몸을 일으켜 거리 한가운데로 나가서 한 발코니를 바라보며 무감각하게 탬버린을 두들기지. 여인네는 사내아이가 창피한 줄도 모르고 소리를 지르며 내지르는 발길질을 받으며 거친 목소리로 단조로운 노래를 하지. 그러면 목에 걸린 쇠사슬이 제 몸무게보다 더 무거워 보이는 원숭이가 막무가내로 한 바퀴 돌고는 배수로에 앉은 중국인들 중에 가장 부드러워 보이는 사람을 찾는단다.

오후 세 시…… 누에바 거리에서는 역마차가 길을 떠나고 태양만 홀로 남는다.

"저기 이상적인 가족인 아마로(Amaro)네가 보이는구나, 플라테로야."

떡갈나무 같은 남자는 제 몸을 긁고 있고 여자는 포도넝쿨처럼 누워 있어. 종족의 대를 잇기 위한 여자애와 남자애가 있고 마치 이 세상처럼 작고 연약하지만 식구들을 먹여 살리는 원숭이가 제 몸의 이를 잡고 있구나.

XXXIV

연인

붉은 언덕 위로 올라온 청명한 바닷바람이 산봉우리 초원까지 와서 가녀린 하얀 꽃들 사이에서 웃고 있다. 그리고는 그 바람은 어수선한 관목 숲으로 감아 돌며 하늘색, 장밋빛, 금빛 거미줄을 섬세한 돛처럼 부풀리면서 흔든다. 오후 내내 바닷바람이 분다. 태양과 바람은 마음에 아늑한 편안함을 선사하는구나!

플라테로는 만족스런 표정으로 날렵하고 민첩하게 나를 태워 준다. 마치 전혀 무겁지 않다는 듯이. 마치 내리막길을 가듯 우리는 언덕을 올라간다. 저 멀리 언덕 끝, 소나무 숲 사이로는 색채 없이 반짝이는 바닷물이 띠를 두른 듯 섬 풍경 속에서 떨고 있다. 저 아래 푸른 초원에는 다리에 흰 반점이 있는 당나귀들이 여기 저기 뛰놀고 있다.

관능적인 진동이 골짜기 사이를 배회한다. 갑자기 플라테로는 귀를 쫑긋 세우고 커다란 강낭콩 같은 누런 이빨을 드러내며 눈까지 닿을 정도로 코를 치켜세우고 벌름거린다. 플라테로는 사방에서 불어오는 바람을 깊이 들어 마시고 있다. 그가 어떤 체취를 마음속에 담으려 하는지 모르겠다. 아! 그렇다. 저쪽 언덕에 파란 하늘을 배경으로 세련된 회색빛 연인이 나타난다. 그리고 마치 나팔 소리 같은 낭랑하고 기다란 두 당나귀 울음소리가 빛나는 적막을 깨고 두 갈래 폭포수처럼 떨어진다.

나는 가련한 플라테로의 사랑의 본능을 거슬러야만 했다. 들판의 아름다운 연인은 많은 기억을 담고 있는 흑단의 눈을 통해 플라테로와 슬픔을 공유하며 그가 지나가는 것을 바라만 본다……. 자유로운 육체가 된 본능처럼 들국화 사이로 거칠게 굴러다니는 신비하고 소용없는 외침이여!

플라테로는 내키지 않는 걸음을 내딛으면서 자꾸만 뒤돌아 가려 한다. 주저하는 그의 짧은 걸음에는 이런 질책이 담겨져 있는 듯하다.

"거짓말 같아, 거짓말 같아, 거짓말 같아……."

XXXV

거머리

어머나, 이게 뭐니, 플라테로? 왜 그래?

플라테로 입에서 피가 나온다. 기침을 할 때마다 점점 더 나온다. 나는 금방 상황을 파악했다. 아침에 피네테 샘을 지나면서 플라테로가 그 물을 마셨다. 항상 가장 맑은 부분에서 이빨을 닫고 물을 마시려 하는데도 틀림없이 거머리 한 마리가 혀나 입천장에 달라붙은 것이다.

"아이고, 기다려…… 어디 보자……."

편도밭에서 내려오는 농장 관리인인 라포소에게 도움을 청해 두 사람이 플라테로의 입을 벌리려고 하였다. 그러나 플라테로는 마치 로마시대의 콘크리트처럼 입을 꾹 다물고 벌리지 않는다. 내가 생각했던 것보다 녀석이 덜 똑똑한 것이 너무 속상하다. 라포소는 굵은 나무 막대를 집어 네 토막을 낸 다음 한 토막으로 플라테로의 위턱과 아래턱뼈 사이로 괴려고 하였다. 쉬운 일이 아니었다. 플라테로는 머리를 쳐들고 앞발을 올리며 일어나 도망갔다가 돌아온다. 결국 순간적으로 나무 막대를 플라테로의 입 옆으로 들이밀었다. 라포소가 당나귀 위로 타고 올라가 두 손으로 막대를 잡아 플라테로가 뱉어내지 못하도록 고정시킨다.

바로 입 안에 크고 검은 거머리가 있었다. 포도넝쿨 가지를 가위처럼 만들어 거머리를 떼어 낸다. 막대기 같기도 하고 붉은 포도주 가죽부대 같기도 하다. 햇빛에 비춰 보니 빨간 천을 보고 흥분한 칠면조의 늘어진 턱살 같기도 하다. 더 이상 그 어떤 당나귀의 피도 빨아먹지 못하도록 절단해서 개울에 던지자 순식간에 그 물이 플라테로의 피로 물들어 버린다…….

XXXVI

세 명의 노파들

여기 이 담으로 올라와, 플라테로야. 자, 세 분의 불쌍한 할머니들이 지나가시도록 비켜 드리자.

해변에서 오셨거나 산에서 내려 오셨나 봐. 어머, 한 분은 앞을 못 보시고 두 분이 그분의 팔을 잡고 오시는구나. 의사인 루이스 선생님을 뵈러 병원에 오시는 걸 거야. 얼마나 천천히 그리고 조심스럽게 오시는지……! 세 분이 모두 똑같이 죽음을 두려워하시는 것 같구나. 연약한 꽃줄기까지도 위험물인 양 조심조심 걷어치우며 오시는 모양이 마치 손을 뻗어 공기마저 멈추게 하는 것 같지?

아이고…… 떨어지지 마……. 할머니들이 구시렁거리는 소리가 들리니? 집시 할머니들이구나. 알록달록한 물방울무늬와 주렁주렁 레이스가 달린 옷을 보렴. 연세가 있음에도 곧은 몸매를 보렴. 가무잡잡한 피부는 땀범벅이 되어 더럽고 정오의 햇빛 아래 먼지를 뒤집어썼지만 메마르고 단단한 기억처럼 저 할머니들에게는 아직 희미하게 미모가 남아 있구나.

저 세 분의 할머니들을 봐, 플라테로야. 이글거리는 태양의 달콤한 속삭임 속에서, 엉겅퀴 꽃을 노랗게 피웠던 봄날을 파고 든 삶의 노년을 얼마나 당당하게 보여 주고 있는지…….

XXXVII

작은 짐수레

비 때문에 포도밭까지 넘쳐 버린 커다란 개울에서 우리는 풀과 오렌지를 잔뜩 실은 낡은 짐수레가 꼼짝도 못하고 박혀 있는 것을 보았다. 누더기를 걸친 더러운 작은 여자아이가 바퀴 위에서 울면서 플라테로보다 더 어리고 깡마른 당나귀를 도와 조그만 가슴으로 밀고 있었다. 그 어린 당나귀는 여자아이의 흐느낌 소리를 들으며, 바람을 거슬러, 진흙탕에서 수레를 끌어내리려고 안간힘을 썼지만 소용없었다. 마치 용감한 아이들의 노력처럼, 마치 여름날 피곤한 바람이 날아들어 꽃 사이로 기절하듯 내려앉는 것처럼 그 불쌍한 당나귀의 노력은 헛수고였다.

플라테로를 쓰다듬으면서 그 불쌍한 당나귀 앞에 세워 짐수레를 끌게 하였다. 부드럽게 플라테로를 독려하자 플라테로는 단숨에 그 짐수레를 진흙탕에서 꺼내 언덕에 올려놓았다.

그 어린 여자애가 어찌나 함박웃음을 짓던지! 마치 눈물을 흘리고 오로라가 피어나듯이, 오후의 태양이 물방울 구름 사이로 지면서 노란 유리처럼 부서지는 것 같았다.

눈물이 글썽인 채로 기뻐하며 그 아이는 동그랗고 단단한 예쁜 오렌지 두 개를 내게 주었다. 그 오렌지를 고맙게 받아서 하나는 그 불쌍한 당나귀에게 달콤한 위로 표시로 주었고 나머지 하나는 금메달처럼 플라테로에게 주었다.

XXXVIII

빵

모게르*의 정신은 포도주라고 내가 말한 적 있지? 그렇지? 그런데 아니야. 모게르의 정신은 빵이야. 모게르는 속살이 하얗고 겉은 노릇노릇 ─ 오! 노란 태양처럼 ─ 구워진 밀로 만든 빵이야.

태양이 가장 뜨거운 정오에 마을 전체에 소나무가 타는 냄새와 따끈한 빵 냄새가 나기 시작한다. 모든 마을 사람들은 입이 벌어진다. 위대한 빵을 먹는 위대한 입같이 보인다. 빵은 모든 것과 어울린다. 올리브유, 가스파초,* 치즈와 포도주의 맛을 더해 주는 포도와 고기 국물, 햄 또한 빵과 함께 먹는다. 또는 단지 희망과 기대와 함께 먹기도 한다.

빵 굽는 사람들은 자신들의 말을 타고 와 각 집 대문 앞에 서서 손뼉을 치며 소리친다. "빵이 왔어요!" 빵장수가 궤짝에 손을 넣었다 올리면서 꽈배기 빵과 커다란 빵, 둥근 빵이 부딪치는 둔탁한 소리가 부드럽게 들린다.

그러면 불쌍한 아이들은 덧문의 종을 울리거나 현관의 노커를 잡아당기며 "빵 좀 사줘!"라며 집 안을 향해 울곤 한다.

XXXIX

아글라에*

오늘 따라 너무 예쁘구나, 플라테로! 이리와······. 오늘 아침에 마카리아가 네게 아주 난리를 쳤지! 비가 온 후에 네 몸의 흰 부분과 검은 부분이 마치 낮과 밤처럼 더욱 선명히 빛난다. 정말 잘 생겼구나, 플라테로!

플라테로는 약간 수줍어하며 천천히 내게로 온다. 목욕한 뒤 아직 물기에 젖은 플라테로는 마치 벌거벗은 여자아이같이 깨끗하다. 얼굴이 새벽처럼 빛나고, 커다란 두 눈은 마치 비너스의 세 딸 중에서 가장 어린 여신이 갈망과 반짝임을 준 것처럼 생생하게 반짝거리는구나.

플라테로에게 그 얘기를 하면서 마치 내 형제처럼 플라테로의 머리를 잡고 부드럽게 누르며 안아서 간지럼을 태운다. 플라테로는 아래를 보면서 움직이지 않은 채 두 귀로 부드럽게 대응하거나 장난꾸러기 강아지처럼 짧게 뛰다가 다시 서기도 한다.

"오늘은 정말 훤하구나!" 나는 다시 말한다.

그러자 플라테로는 새 옷을 입은 가난한 집의 아이처럼 도망치듯 수줍게 뛰어가 기분 좋은 듯 귀를 쫑긋 세우며 나를 바라보고 말하는 듯하다. 그리고는 마구간 문에 달린 알록달록한 종을 입으로 문다.

선함과 아름다움의 여신인 아글라에가 투명한 아침 햇살에 가려서 거의 보이지는 않지만, 나뭇잎과 배와 참새들로 세 겹을 두른 배나무에 기대어 미소 지으며 그 광경을 보고 있다.

XL

왕관 소나무

플라테로야, 만일 내가 어디 가서 쉰다면 말이야, 언제나 왕관 소나무 아래에서 쉬고 싶어. 내가 도시와 사랑과 영광, 그 어느 것을 나중에 얻더라도 하얀 구름이 뜬 푸른 하늘 아래 그 소나무가 초록색 가지들을 흐드러지게 늘어뜨리는 것을 보고 싶어. 그 소나무는 폭풍우 속에서 모게르의 어부들을 지켜 주는 등대처럼 내 꿈을 향해 거친 바다를 헤쳐 가도록 도와주는 든든한 나의 등대거든.

소나무 그늘에서의 휴식을 떠올릴 때면 나는 항상 힘이 불끈 솟는 것을 느낀단다. 이것은 내가 점점 자라면서도 변하지 않고 오히려 더 강하게 느껴지는 감정이야. 언젠가 태풍에 부러진 가지를 잘라 냈을 때 나는 내 사지가 잘려 나가는 느낌이었어. 또 때때로 갑작스럽게 고통이 느껴질 때 나는 왕관 소나무가 아픈 것이라고 생각한단다.

바다나 하늘 또는 내 가슴에 들어맞는 그런 엄청난 단어만이 그 소나무를 표현할 수 있어. 그 그늘에 누워 구름을 바라보며 쉬고 있노라면 마치 물 위에 떠서 하늘을 보며 나의 추억에 잠겨 있는 듯하구나. 내 생각이 엉켜서 어지러울 때 왕관 소나무는 영원으로부터 나온 듯 의심과 혼란에 쌓인 나를 불러내 삶의 진정하고 영원한 종말에서나 맛볼 수 있을 것 같은 평화를 내게 준단다.

XLI

다르봉

플라테로의 주치의인 다르봉 선생님은 마음 좋은 당나귀처럼 몸집이 크고 피부는 수박처럼 빨갛다. 체중은 130킬로그램이 넘고 나이는 자기 말로 육순이라고 한다.

말을 할 때면 마치 낡은 피아노가 그런 것처럼 어떤 음들은 빠진 것 같아서 말이라기보다는 공기가 새는 소리 같기도 하다. 이렇게 새어 버린 음정은 고개를 갸우뚱하거나 과장되게 손뼉을 치거나 그렁거리는 소리를 내거나 헛기침을 하고 손수건으로 침을 닦는 행동으로 무마되었다. 이 모든 것이 저녁식사 전의 아름다운 콘서트이다.

어금니를 비롯해 이빨이 거의 없어서 손으로 미리 부드럽게 만든 빵의 속살만을 먹는다. 그 속살을 동그랗게 만들어서 붉은 입속으로 쏙 집어넣어 거의 한 시간은 우물거리며 먹는다. 그러고 나서 또 동그랗게 뭉친 속살을 넣고 한 시간, 그리고 또 하나……. 잇몸으로 씹느라 턱 수염이 매부리코에 닿아 버린다.

나는 다르봉 선생님이 마음씨 좋은 당나귀처럼 몸집이 크다고 했다. 문 앞에 서면 그 몸집에 가려 집이 보이지 않는다. 그러나 플라테로에게는 어린아이처럼 다정하다. 꽃이나 작은 새를 보면 금세 입을 크게 벌리고 천진난만하게 웃는다. 그는 웃음의 속도나 정도를 조절할 수 없고 그 웃음은 항상 흐느낌으로 변한다. 그리고 진정이 되고 나면 오래된 무덤 쪽을 오랫동안 바라본다. "내 아기, 가여운 내 딸내미……."

XLII

어린아이와 물

이글거리는 태양과 타는 듯한 가뭄 중에 아무리 살살 걸어도 온 몸이 새하얗게 뒤덮일 정도로 먼지가 잔뜩 쌓인 널따란 마당에, 어린 사내아이가 샘물과 함께 각자의 영혼을 간직한 채 솔직하고 다정한 짝을 이룬다. 비록 나무는 한 그루도 없지만 두 눈동자가 감청색 짙푸른 하늘에 광채나는 커다란 글씨로 되풀이해 쓰는 '오아시스'라는 단어가 가슴을 채운다.

아침에 이미 한낮의 열기를 내뿜으며 산프란치스코성당의 울타리에는 매미가 올리브 나무를 베어 내듯 울고 있다. 어린아이의 머리 위로는 태양이 내리쬐지만 그 아이는 물에 정신이 팔려 더위를 느끼지 못한다. 그는 바닥에 엎드려 졸졸 흐르는 물줄기 아래 손을 넣고, 물줄기가 손바닥에 만들어 준 신선하고 멋지고 요동치는 왕궁을 까만 눈동자로 신기하게 바라본다. 그는 혼잣말을 하며 한 손으로 훌쩍이는 코를 훔치고 다른 한 손으로는 누더기 옷 사이를 여기저기 긁는다. 매 순간 새롭게 변하는 왕궁은 때때로 흔들리기도 한다. 그러면 그 아이는 자세를 고쳐 웅크리면서 물줄기가 만든 처음 형상이 자기 맥박 때문에 망가지지 않게 하려는 듯하다.

"플라테로야, 혹시 네가 이해할지 모르겠다만 그 아이는 자기 손에 내 영혼을 가지고 있단다."

XLIII

우정

우리는 서로 너무 잘 안다. 나는 그를 자기 마음대로 가게 내버려 두지만 그는 언제나 내가 원하는 곳으로 데려간다.

왕관 소나무가 있는 곳에 가면 내가 그 나무를 끌어안고 쓰다듬으며 그 거대하고 빛나는 나무 꼭대기 사이로 하늘을 올려다보기를 좋아한다는 것을 플라테로는 잘 알고 있다. 또한 내가 잔디 사이로 나 있는 오래된 우물로 가는 작은 오솔길을 좋아한다는 것도 안다. 그리고 키 큰 소나무 언덕에서 추억에 젖어 물줄기를 바라보는 것이 내게는 축제라는 것도 안다. 내가 플라테로 등에서 잠이 들었다 깨어 보면 늘 내가 좋아하는 경치가 내 앞에 펼쳐져 있다.

나는 플라테로를 어린아이 다루듯 한다. 길이 좀 험하거나 짐이 무겁다 싶으면 내려서 같이 들어 주곤 한다. 뽀뽀해 주고 놀리기도 하고 화나게 만들기도 한다. 플라테로는 내가 자기를 사랑한다는 것을 알기에 삐치지는 않는다. 플라테로는 나와 똑같고 다른 당나귀들과 다르다. 내 생각에 우리는 꿈도 함께 꾸는 것 같다.

플라테로는 사랑에 빠진 사춘기 소녀처럼 군다. 불평하지 않는다. 나는 내가 플라테로의 행복이라는 것을 안다. 플라테로는 당나귀들과 사람들을 피해 내게 온다.

XLIV

자장가

예쁘지만 동전처럼 지저분한 숯장수 집 어린 딸은 반짝이는 검은 눈동자와 숯검정 묻은 얼굴에 마치 피가 터질 듯한 통통한 입술을 가지고 있다. 그 아이가 오두막집 문에 걸터앉아 어린 동생을 재우고 있다.

뜨겁고 맑은 5월의 태양이 작열하는 시간, 찬란한 평화로움 속에서 들에 내건 냄비에서는 음식이 끓고 있고, 목장의 말들은 힝힝대고 있고, 유칼립투스 나뭇잎을 간질이는 바닷바람 소리가 들린다.

숯장사네 어린 딸은 부드럽게 노래한다.

잘······자라······ 우리····· 아기······.
성모님의······ 은총으로······.

잠시 노래가 멈추고 숲에서 바람이 불어온다······.

······우리······아기······ 잠······들면······.

종달……새도 ……잠……든다…….

그을린 소나무 사이로 부드럽게 불던 바람이 조금씩 조금씩 다가오는구나, 플라테로야. 그리고 소녀는 곧 어두운 땅에 드러누워 길게 들려오는 엄마의 자장가 소리에 어린 동생과 함께 잠들어 버리는구나.

XLV

옛집 마당의 나무

플라테로야, 이 나무는 내가 직접 심은 아카시아 나무야. 봄이면 봄마다 초록 가지를 뻗으며 자라나 지금은 풍성하고 넓은 잎으로 햇빛을 가려 주지. 지금은 문을 닫은 이 집에 우리가 살았을 때 이 나무는 내 시의 가장 훌륭한 버팀목이었어. 4월이면 에메랄드 색, 10월이면 황금색으로 갈아입는 나뭇가지는 바라만 보아도 마치 아름다운 뮤즈가 순수한 손으로 어루만지듯 내 이마를 시원하게 해 주었지. 얼마나 섬세하고 보드랍고, 또 얼마나 아름다웠는지!

오늘은 플라테로가 마치 주인인 양 마당을 휘젓고 다닌다. 세월과 함께 나무도 황폐해졌구나! 나를 기억이나 할런지. 마치 다른 나무가 된 듯하다. 그 나무가 마치 없는 것처럼, 내가 잊고 지내는 동안 해가 거듭되면서 봄은 제멋대로 내 취향과는 정반대의 나무로 만들어 버렸어.

내가 심은 나무지만 오늘 내게 아무 말도 안하는구나. 플라테로야, 마치 처음 보는 나무처럼 쓰다듬다 보니 마음이 울컥한다. 우리가 그렇게 사랑했던 나무가, 그렇게 친했던 나무가 다시 만났는데 아무 말도 안하다니……. 슬프지만 사실 말이 필요 없지. 나는 더 이상 아카시아 나무 사이로 석양을 볼 수 없어. 그 부드러운 가지는 내게 더 이상 반짝이는 영감을 주지 않아. 음악처럼 감미롭고 신선하고 향기로운 희망으로 그렇게 자주 오던 이곳이 이제는 기분을 언짢게 하고 추워서 마치 카지노나 술집, 극장을 잘못 들어갔을 때처럼 빨리 나가고 싶구나, 플라테로야.

XLVI

폐병 소녀

썰렁한 회벽 침실에 마치 시들어 버린 수선화처럼 창백한 하얀 얼굴의 소녀가 슬픈 의자에 똑바로 걸터앉아 있었다. 의사 선생님은 밖에 나가 서늘한 5월의 햇볕을 쬐라고 권했지만 그 불쌍한 아이는 그럴 수 없었다.

"다리까지만 가도요, 도련님, 그 근처까지만 가도요, 숨차서 죽는 줄 알았어요"라고 내게 말했다.

애처롭고 가늘게 갈라진 목소리는 마치 여름에 산들바람이 내려앉듯 피곤하게 깔렸다.

나는 여자아이에게 플라테로 등에 타고 산책을 하도록 했다. 당나귀에 올라타자 죽음의 그림자가 드리운 삐쩍 마른 얼굴이 검은 눈을 동그랗게 뜨고 하얀 이를 드러내며 웃는다.

……우리가 지나가는 것을 보고 마을 아낙네들이 문 앞에 모습을 드러냈다. 플라테로는 천천히 걸어갔다. 자기 등에 약한 유리로 만든 가녀린 백합을 태우고 가는 줄로 아는 듯. 소녀는 몬테마요르 성모님*의 순박한 옷차림으로 남쪽 하늘 밑으로 난 길을 따라 마을을 가로지르며 믿음과 희망을 전하는 천사 같았다.

XLVII

로시오의 성모 마리아[*]

"플라테로야, 우리 여기서 마차들을 기다리자." 나는 플라테로에게 말했다. 멀리 도냐나 숲의 속삭임, 아니마스 소나무들의 신비, 마드레스와 프레노스의 신선함, 로시나의 향기를 전해 줄 거야……

나는 플라테로를 멋지게 꾸며 데려가면서 푸엔테 거리 여자아이들의 눈길을 사로잡았다. 거리에는 오후의 태양이 분홍색 띠를 남기고 낮은 석회 벽 사이로 슬금슬금 저물어 갔다. 우리는 들판의 길들이 한눈에 보이는 오르노스 흙담에 앉았다.

이미 마차들이 언덕을 올라오고 있었다. 지나가는 보라색 구름에서 로시오의 가랑비가 푸른 포도밭 위로 떨어지고 있었다. 그러나 하늘에 눈길을 주는 사람은 아무도 없었다.

먼저 명랑한 젊은 남녀 쌍들이 당나귀와 노새 그리고 아랍식 장식을 하고 갈기를 땋은 말들을 타고 지나갔다. 청년들은 즐거워 보였고 아가씨들도 멋졌다. 활기차고 생생한 웃음소리가 특별한 의미 없이 떠들썩하게 들려왔다. 그 뒤로는 왁자지껄하고 난리법석인 주정꾼들의 마차가 지나갔다. 계속해서 마치 침대 장식처럼 하얀 술이 매달린 마차에 가무잡잡하고 탄탄한 피부의 여자아이들이 꽃 장식을 하고 가마 안에 앉아 탬버린을 흔들고 세비야나*를 부르며 지나갔다. 그 뒤로도 더 많은 말과 나귀들이 나타났다가 사라졌다.

머리는 벗겨지고 삐쩍 마르고 얼굴이 붉은 성당 사무장이 챙 넓은 모자를 등에 매달고 황금빛 깃대를 등자에 비스듬히 꽂은 채 외쳤다. "로시오오오오 성모니이이임…… 만세에에에! 만세에에에!" 마치 주교님처럼 햇빛이 반사되어 비치는 알록달록한 거울을 이마에 매단 경건한 자세의 두 마리 소에 이끌려서, 마치 움직이는 정원처럼 온통 꽃으로 뒤덮인 하얀 마차에 자수정과 은으로 장식된 '원죄 없이 잉태하신 성모 마리아'가 덜그럭거리며 다가왔다.

돌로 포장된 도로 위로 쇠 말발굽 소리와 검은 폭죽 소리에 뒤섞여 음악 소리가 들렸다.

그러자 플라테로는 제 두 다리를 굽히며 마치 귀부인처럼 — 얼마나 신통한 재주인지! — 부드럽고도 겸손하게 그리고 정중하게 무릎을 꿇었다.

XLVIII

롱사르*

고삐를 풀고 자유로워진 플라테로가 들판에 핀 순백한 들국화를 뜯고 있는 동안 나는 소나무 아래 누워서 아랍식 배낭에서 작은 책을 꺼내 갈피를 꽂아 놓은 곳을 펼친 후 큰소리로 읽기 시작한다.

> 가지 위로 보이는 5월의 장미는
> 지금 한창 청춘인 첫 봉오리라.
> 하늘조차 질투하네……

나무 꼭대기 가지에서는 작은 새가 쩍쩍거리며 폴짝폴짝 뛰어다니고 초록색 숨결이 넘실대는 곳에는 태양이 황금빛으로 반짝인다. 부산하게 날아다니고 지저귀는 와중에 그 새가 점심으로 씨앗 까먹는 소리가 들린다.

> 하늘조차 질투한다네, 그 생생한 색깔을……

그때 갑자기 커다랗고 부드러운 물체가 다가와 움직이는 뱃머리처럼 내 어깨 위로 미끄러져 온다. 플라테로다. 분명 오르페우스의 음악에 매료되어 나와 함께 시를 읽자는 것이다. 우리는 함께 읽는다.

       ……그 생생한 색깔을,
    새벽이 눈물을 뿌리며 낮을 깨울 때

그런데 너무 급히 먹다가 체한 새가 이상한 소리를 내며 우리의 시 낭송을 방해한다.

그 순간 롱사르는 자신의 소네트 '내 작은 광기를 껴안는 꿈을 꾸며……'는 잠시 잊은 채 지옥에서 웃었을 것이다.

XLIX
방물장수 아저씨

느닷없는 북소리에 거리의 적막이 와르르 무너진다. 곧 누군가 거친 목소리로 헐떡이면서 길게 소리 지른다. 그 소리는 마찻길과 언덕 아래까지 들린다. 꼬마들이 "방물장수 아저씨다, 방물장수!"라고 소리치며 달려온다.

담 구석에는 네 모서리에 분홍색 깃발이 꽂힌 초록색 상자가 놓여 있다. 늙은 아저씨는 북을 치고 또 친다. 돈 없는 한 무리의 아이들이 주머니에 손을 꽂거나 뒷짐을 진채 아무 말 없이 상자를 둘러싸고 있다. 잠시 후 동전 한 닢을 손에 움켜쥐고 한 아이가 달려온다. 그 아이는 상자 앞으로 나서 렌즈에 눈을 댄다.

"자아아아, 이제 보일거야……, 백마를 탄 프림 장군님*이 말야……." 늙은 이방인이 북을 치며 피곤에 절은 목소리로 말한다.

"여기는 바르셀로나아아아 항---구---다!" 그리고 그는 더 돌려 준다.

다른 아이들도 돈을 들고 와서 노인에게 다가간다. 돈으로 기꺼이 자신의 환상을 살 준비가 된 아이들은 정신없이 렌즈 속을 들여다본다. 노인은 외친다.

"자아아아아, 이제 아바나의 요새가 보일 게다!" 그리고는 북을 친다.

앞집 여자애와 강아지와 함께 구경 간 플라테로가 같이 놀자고 아이들 사이로 얼굴을 내민다. 갑자기 기분이 좋아진 노인은 플라테로에게 "자, 너도 돈을 내야지!"라고 말한다.

그러자 돈 없는 아이들은 간절히 애원하는 태도로 노인을 바라보며 비굴한 억지웃음을 짓는다.

L

길가의 꽃

플라테로야, 여기 이 길가에 핀 꽃 좀 봐! 얼마나 순수하고 아름
다운지! 옆으로는 소와 양, 조랑말과 사람 등 한 무리가 지나다니
지만, 그렇게도 연약하고 부드러운 이 꽃은 토담 아래 꼿꼿이 서
서 어떤 것에도 오염되지 않는구나.

매일 언덕을 오를 때 우리가 가로지르는 지름길의 초록색 자리
에서 너는 그 꽃을 보았지. 옆에는 작은 새가 한 마리 있었는데 우
리가 다가가자 날아가 버렸구나. 왜 그랬을까? 이 조그만 꽃은 여
름날 구름이 부어 놓은 맑은 물을 마치 작은 컵처럼 담아 두고 벌
과 나비에게는 둘둘 말린 혀로 꿀을 가져가도록 허락하고 있어.

이 꽃은 비록 며칠 못 살겠지만 그 기억은 영원할 것 같아. 꽃의
일생은 너에겐 어느 봄날의 하루, 나에겐 어느 해의 봄과 같겠지.
이 신성한 꽃이 가을까지 살아서 매일매일 우리에게 삶의 소박한
모범을 보여 줄 수만 있다면 내가 가을에게 무엇이든 다 해 줄 수
있을 텐데. 그렇지, 플라테로야?

LI

로드*

플라테로야, 너는 사진을 볼 줄 아는지 모르겠다. 여기 농부들에게 사진을 보여 주었는데 그들은 사진에서 아무 것도 보지 못했다는구나. 여기 봐, 이 개가 로드란다. 폭스테리어(fox-terrier)종이지. 내가 종종 네게 말했었지. 보이니? 여기 대리석 마당 제라늄 화분 사이 방석에 앉아서 겨울의 햇볕을 쬐고 있잖아.

가엾은 로드! 내가 세비야에서 그림을 그리고 있을 때 우리 집에 왔지. 눈부시게 흰 털이 귀부인 살결처럼 부드럽고 펌프 물처럼 힘이 넘쳤어. 여기저기 나비가 앉은 듯 검은 점들이 있었고 반짝이는 두 눈동자는 영원으로 빨려 들어갈 듯 우아했지. 다혈질이기도 했어. 어떨 때는 유리 천장을 통해 들어온 5월의 반짝이는 햇살 덕분에, 마치 돈 카밀로가 그린 비둘기들처럼, 노랗고 빨갛고 파란색으로 물든 대리석 마당에서 아무 이유 없이 수선화 주위를 뱅뱅 돌면서 정신을 쏙 빼놓기도 했단다. 때로는 지붕 위의 새 둥지에 올라가 삐악대는 새끼들 사이에서 한바탕 소동을 일으키기도 했지. 그러나 마카리아가 매일 아침 비누칠을 해서 목욕을 시켜놓을라치면 마치 요새 위의 대포처럼 눈부실 정도로 늠름했단다.

우리 아버지가 돌아가셨을 때 로드는 관 옆에서 밤을 새웠단다. 우리 엄마가 병이 들었을 때도 로드는 엄마 침대 발치에 엎드려서 한 달 동안 먹지도 마시지도 않았어. 그런데 어느 날인가 사람들이 우리 집으로 와서 미친개에게 물렸다고 말하지 않겠니? 하는 수 없이 로드를 카스티요 술집으로 데리고 가서 사람들이 안 보이는 오렌지 나무에 매어 놔야 했단다.

끌고 가는 내내 뒤를 돌아보던 로드의 눈매를 생각하면 지금도 그때처럼 마음이 아프단다. 그 눈빛은 마치 이미 죽었지만 항상 살아 있는 듯한 죽은 별빛이 자기 존재의 무의미를 극복하고 강한 고통의 감정을 생생한 빛으로 내뿜는 듯 했어……. 물질적인 고통으로 마음이 아플 때마다 영원으로 가는 길고 긴 길처럼, 말하자면 왕관 소나무까지 흐르는 시냇물처럼 로드가 남겨 놓은 마지막 눈길이 내 마음에 길게 드리우고 있단다.

LII

우물

그 우물 말이야, 플라테로! 그 깊고 검푸른 빛깔과 시원하고 맑은 물! 우물이란 말은 마치 차가운 물에 닿을 때까지 검은 땅을 파고 드는 단어 같아.

자, 보렴. 무화과나무가 우물을 장식하고 그림자를 드리우는구나. 손이 닿을 듯한 우물 안으로는 푸른 이끼가 낀 벽돌 사이에 진한 향기가 나는 파란 꽃 한 송이가 피어 있구나. 더 아래쪽으로는 제비 한 마리가 둥지를 틀었어. 그리고 어두운 그늘이 진 밑으로는 에메랄드 빛 궁전이 있고 호수가 있구나. 돌이라도 던져서 잔잔한 호수의 평화를 깰라치면 금방 분노하고 으르렁대지. 그리고는 하늘이 보여.

(밤이 되면 저 깊이, 별들의 호위를 받는 달이 빛나는구나. 침묵! 길을 따라 삶이 멀어져 간다. 우물을 통해 영혼도 깊숙이 달아나 버린다. 석양의 다른 얼굴도 우물을 통해 비치는구나. 우물의 입을 통해 이 세상의 모든 비밀을 간직한 밤의 거인도 뛰쳐나올 것 같아. 오, 고요하고 신비로운 미로여, 음침한 향기가 나는 공원이여, 마법에 걸린 살롱이여!)

"플라테로야, 언젠가 내가 이 우물로 뛰어든다면 그건 자살하기 위한 것이 아니라 별을 따기 위한 것이라는 걸 믿어 주렴."

플라테로는 목이 타는 듯 간절한 눈빛으로 힝힝댄다. 제비 한 마리가 놀란 듯 우물에서 나와서 주변을 조용히 맴돈다.

LIII

살구

줍고 꼬불거리며 종탑까지 이어지는 라 살 골목길, 햇빛과 파아란 하늘색이 어울려 보랏빛이 된 석회 벽, 끊임없이 불어 대는 바닷바람에 거무튀튀하고 칠이 벗겨진 남쪽 담벼락. 그 사이로 소년과 나귀 한 마리가 한가하게 걸어 나온다. 난장이같이 작은 키에 어깨 뒤로 걸친 챙 넓은 모자보다 몸집이 더 조그만 아이는 산골 아이의 해맑은 심성으로 자기가 아는 토속 민요를 부른다.

······너무너무 피곤해서
나는 네게 청했네·······.

골목길에 듬성듬성 난 지저분한 풀을 씹으며 따라오는 나귀는 등에 진 살구 망태 때문에 조금 힘들어 보인다. 소년은 가끔씩 마치 진짜 거리에 들어선 것 마냥 헐벗은 진흙투성이 맨발을 땅에 굳게 딛고 온 힘을 짜내면서 두 손을 입에 대고 '사' 발음을 강조하며 외친다.

"사아알-구우가 왔어요. 사-아-알-구-요!"

그리고는 살구 파는 일은 관심도 없다는 듯—디아스 신부님이 말하듯이—다시 자기가 부르던 집시 노래를 흥얼거린다.

> ······난 너를 원망하지 않아,
> 절대 널 원망하지 않을 거야······.

그리고는 소년은 돌멩이들에 채찍질을 한다. 아무 생각 없이······. 따뜻한 빵 냄새와 소나무 타는 냄새가 난다. 느릿느릿한 미풍이 가볍게 거리를 돌아 나간다. 작은 종소리와 함께 세 시를 알리는 굵은 종소리가 난다. 그러자 축제를 알리는 종소리가 태풍처럼 몰아치며 거리의 뿔피리 소리와 역마차의 종소리를 묻어 버리고 잠에 빠져 있던 조용한 마을을 깨운다. 맑은 바람은 지붕 위로 살랑살랑 불며 매일매일의 똑같은 파도와 고독에 지쳐 버린 바다의 내음을 가득 실어 나른다.

그 어린애는 다시 자기 자리로 돌아가서 목청껏 소리친다.

"사아-알-구 사려!"

플라테로는 걸음을 멈추고 움직이려 하지 않는다. 그는 소년을 바라보더니 코를 내밀고 킁킁거리며 나귀에게 다가간다. 두 마리 은빛 나귀는 서로 이해하는 듯 머리를 주억거리며 머나먼 옛일을 회상하는 듯하다.

"그래, 플라테로! 너는 이 아이를 따라가고 내가 이 나귀를 데리고 가마. 너는 애와 함께 살구나 팔고 다녀라. 좋지?"

LIV
뒷발길질

우리는 어린 송아지들에게 편자를 박아 주기 위해 몬테마요르 집으로 갔다. 오후의 태양이 작열하는 넓고 푸른 하늘 아래 그늘진 돌이 깔린 마당에는 힘센 말들의 즐거운 힝힝거림과 여자들의 시원한 웃음소리, 불안해진 개들이 날카롭게 짖어 대는 소리들이 울렸다. 플라테로는 한 구석에 초초하게 서 있었다.

"애야, 너는 너무 어려서 우리와 함께 가기 힘들다는 걸 알지?" 라고 말했다.

그러자 플라테로는 미친 듯이 날뛰어서 하는 수 없이 톤토에게 플라테로를 타고 함께 데리고 가자고 말했다.

……화창한 들판을 말을 타고 가는 즐거운 이 기분! 상쾌한 늪지는 황금빛 햇살로 물들어 있었고 쪼개진 수면은 문 닫은 방앗간을 비춰 주고 있었다. 다른 말들의 육중한 말발굽 소리 사이에서 톤토와 함께 들판에 홀로 남지 않기 위해 플라테로는 리오틴토* 기차처럼 더욱 빨리 종종걸음을 쳐야만 했다. 그런데 갑자기 권총 소리 같은 것이 들렸다. 플라테로가 입으로 어린 회색말의 엉덩이를 비비자 그 회색 조랑말이 냅다 뒷발길질로 응수했던 것

이다. 여기에 신경 쓰는 사람은 아무도 없었다. 그러나 나는 플라테로 한쪽 다리에 피가 나는 것을 보았다. 나는 내려서 걱정스럽게 갈기털로 피가 나는 곳을 묶어 주었다. 그리고 톤토에게 플라테로를 집으로 데리고 가라고 하였다.

둘은 멀어져 가는 우리 일행에게 눈을 떼지 못한 채 마을로 내려가는 말라붙은 개울을 통해 어깨를 축 늘어뜨리고 터벅터벅 걸어갔다.

집으로 돌아와 플라테로를 보러 갔더니 아직 시무룩하고 아파하고 있었다.

"이제 알겠니?" 내가 속삭였다. "너는 다른 사람들하고는 아무 데도 못 간다는 것을?"

LV

당나귀학

나는 사전에서 다음과 같은 것을 읽었다. *당나귀학: 명사. 비유적 표현. 당나귀를 반어적으로 표현하는 것.*

불쌍한 당나귀! 그렇게 착하고 순진하고 똑똑한 너를 빈정거려 표현하다니……. 도대체 왜 그럴까? 너를 묘사한다면 당연히 봄날의 동화가 되어야하지 않을까? 착한 사람을 가리켜서 당나귀라고 비유해야하는 것 아니겠니? 또 나쁜 당나귀에게는 "이 사람 같은 놈아"라고 해야겠지! 너에 대해 말하자면 굉장히 똑똑하고 노인과 어린이의 친구이자 개울과 나비의 벗이고 태양과 개, 꽃과 달의 동무이지. 참을성도 많고 생각이 깊고 우수에 차 있으며 또 얼마나 다정한지, 너는 들녘에 서 있는 마르쿠스 아우렐리우스*야!

플라테로는 이런 내 마음을 알고 부드러우면서 단단한 반짝이는 두 눈으로 나를 빤히 바라본다. 그 두 눈은 마치 조그만 암녹색 하늘에서 작고 불타는 듯한 태양이 반짝이는 것 같다. 아! 플라테로가 그 목가적이고 털이 복슬복슬한 머리로 내가 자기를 공정하게 이해하고 있고, 그런 사전이나 쓰는 사람들보다 더 착하며 자기만큼이나 순하다는 것을 알아준다면 좋을 텐데!

나는 사전 여백에 이렇게 써 놓았다. *당나귀학: 명사. 물론, 비유적 표현으로서 이따위 사전이나 쓰는 얼빠진 사람들을 반어적으로 표현할 때 사용함.*

LVI

성체성혈 축일*

과수원에서 돌아오는 길에 푸엔테 거리에 들어서자 이미 아로 요스 거리에서부터 세 번씩이나 들었던 둔중한 청동 종소리가 백색의 마을을 흔들어 버린다. 그 소리는 한낮에 쏘아 올리는 검은 폭죽의 천둥치는 굉음과 강렬한 금속성 음악 소리 사이를 뚫고 빙빙 돈다.

이제 막 회칠을 하고 도자기 흙으로 가장자리를 두른 거리는 버드나무와 사초(莎草)로 온통 초록색 옷을 입었다. 창문마다 색색의 커튼이 뽐을 내고 있다. 석류 색 비단 커튼, 노란 옥양목 커튼, 하늘색 융단 커튼, 상을 당한 집은 깨끗한 모직 커튼에 검은 리본을 달았다. 거울로 된 십자가가 석양을 받아 온통 분홍빛으로 물든 채 인가가 끝나는 동구 밖 모퉁이를 돌아서 이제야 나타난다. 성체거동 행렬은 천천히 지나간다. 우선 부드러운 도넛 바구니를 들고 빵 굽는 사람들의 수호성인인 성 로케가 붉은색 깃발과 함께 지나간다. 뱃사람들의 수호성인인 성 텔모는 은으로 만든 배를 손에 들고 연두색 깃발과 함께 지나간다. 황색 깃발과 함께 농부들의 수호성인인 성 이시도로가 소의 멍에를 들고 지나간다. 다채로운 색깔의 깃발들이 여러 성인들과 함께 지나간다. 어린 마리아에게 가르침을 주는 성녀 안나,* 황갈색의 성 요셉, 푸른색의 무염시태(無染始胎)* 성모님…… 마지막으로 경찰관들 사이에 붉은 가시와 시큼하게 생긴 에메랄드 빛 포도 무늬로 은세공된 거룩한 궤가 향 연기가 만들어 놓은 천상의 구름에 휩싸여 천천히 나타난다.

저물어 가는 오후에 안달루시아 억양의 라틴어로 시편을 읽는 소리가 낭랑하게 울려 퍼진다. 이미 장밋빛이 된 태양은 리오 거리로 내려오는 사제들의 흰 옷과 오랜 황금빛 성물들 위로 부서져 내린다. 6월의 고요한 시간, 이미 주황색이 된 종탑 주변에서는 오팔색을 배경으로 비둘기들이 불타는 하얀 눈처럼 꽃무늬를 수놓고 있다.

플라테로는 고요함이 지배하는 틈새를 이용해 힝힝 대고 있다. 그러나 그 부드러운 울음소리는 곧 종소리, 폭죽 소리, 라틴어 낭송 소리, 밴드의 연주와 함께 어울려 축일의 신비를 고양시킨다. 높아졌다 낮아졌다 하는 당나귀 울음소리가 축일을 부드럽고 신성하게 만든다.

LVII

산책

　부드러운 인동덩굴이 드리워진 숲 속 길을 우리는 얼마나 느긋하게 걷고 있는지! 나는 책을 읽다가 노래를 하다가 하늘을 향해 시를 읊기도 한다. 플라테로는 계곡 그늘에 드문드문 나 있는 풀이나 꽃가루 가득한 접시꽃, 노란 당아욱을 뜯곤 한다. 플라테로는 걷는 시간보다 멈춰 있는 시간이 더 많다. 나는 그냥 내버려 둔다.

　내가 황홀경에 빠져 바라보는 푸르디푸른 하늘은 열매가 잔뜩 열린 편도나무 위로 솟아올라 영광의 정점까지 가 닿는다. 온 들판이 고요하게 빛난다. 바람 한 점 없는 강에는 영원과 맞닿은 흰 돛단배가 떠 있다. 산 쪽을 보니 산불이 나 솟아오르는 짙은 연기가 곧 시커먼 구름이 되어 팽창한다.

　그러나 우리의 산책길은 아주 짧다. 그것은 마치 다양한 삶 가운데에 존재하는 달콤하고 한가로운 하루인 것 같다. 하늘 숭배도, 강물이 흘러드는 바다도, 화재의 비극도 없는 한가로움!

　오렌지 향기 사이로 즐겁고 시원한 우물물 긷는 소리가 들린다. 플라테로는 반갑다고 힝힝대며 껑충껑충 달려간다. 얼마나 단순한 일상의 즐거움인가! 어느새 우물가에 선 나도 컵에 물을 가득 담아 눈을 녹인 듯한 물을 마신다. 플라테로는 시원하게 그늘진 물에 코를 박고 탐욕스럽게 여기저기를 깨끗이 핥아 대고 있다.

LVIII

싸움닭

그 불쾌한 기분을 무엇에 비유해야 할지 잘 모르겠구나, 플라테로야……. 푸른 하늘이나 바다를 배경으로 펄럭이는 우리나라 국기의 매력이라고는 볼 수 없는 날카로운 붉은 빛과 금빛……. 그래. 어쩌면 우엘바에서 세비야 가는 길의 역에 세워져 있거나, 무데하르* 건축양식의 투우장에 푸른 하늘 위로 날리는 스페인 국기에 대한 느낌일지도 모르겠다. 그건 갈도스*의 작품이나 담배 가게의 불결한 간판 혹은 지난 아프리카 전쟁*을 보여 주는 나쁜 그림들에서 볼 수 있는 것처럼 역겨운 노랑색과 빨강색이었어. 나쁜 카드 패가 들어왔을 때의 느낌 있잖아? 아니면 담배 상자와 건포도 상자에 붙은 크롬 딱지나 포도주병의 상표, 푸에르토 학교*의 상장들 또는 초콜릿 포장지 같은 것을 볼 때처럼 안 좋은 느낌 말이야.

내가 그곳에 왜 갔는지 모르겠다. 누가 데려갔었나? 겨울 정오의 더위는 마치 음악 밴드의 나팔소리 같았어……. 새 포도주 냄새가 나고, 역겨운 순대 냄새에 담배 냄새까지. 시의원이 시장과 우엘바의 자랑거리인 뚱뚱이 투우사 엘 리트리와 함께 있었어. 투계장은 작고 초록색이었고 나무 울타리가 쳐 있었어. 주위에는 도살장의 수레에 실린 소나 돼지의 내장처럼 충혈된 얼굴들이 둘러서 있었고 그들의 눈동자로는 뜨거운 열기와 술, 추잡스러운 마음의 욕구가 튀어나오고 있었단다. 그들은 부릅뜬 눈으로 소리를 지르고 있었어. 날씨는 무더웠고 너무나도 조그만 닭들의 세계는 닫혀 있었어.

높이 뜬 태양이 비치는 넓은 빛 사이로 느릿느릿한 초록색 연기가 지나가며 하늘을 침침한 유리처럼 만들어 놓고, 불쌍한 영국 닭들은 괴물처럼 사나운 두 개의 빨간 꽃들처럼 서로 뒤엉켜 싸우면서 눈을 쪼아 대고, 레몬즙을 바른 듯한 혹은 독기를 품은 듯한 발톱으로 서로 찍으면서 증오심에 불타는 인간들처럼 날뛰었지. 닭들은 아무 소리도 내지 않았고 볼 수도 없었고 심지어는 자기 존재마저 잊어버린 듯 했어.

그러나 나는 왜 그곳에 그렇게 불편하게 있었을까? 모르겠다. 때때로 허공에서 떨고 있는 찢어진 천 사이로 바깥의 신선한 공기 속에 흰 꽃향기를 날리는 싱싱한 오렌지 나무를, 리베라호의 돛대를 향수에 젖어 한없이 바라보곤 했어. 내 영혼은 향기를 내며 이렇게 생각했지. 내가 꽃이 만발한 오렌지 나무라면, 맑은 바람이라면, 높이 뜬 태양이라면 얼마나 좋을까!

……그런데도 나는 그 자리를 뜨지 못했단다…….

LIX

해질녘

마을의 해질 무렵, 그 평화롭고 아늑한 시간에 과연 어떤 시가 저 먼 곳의 모습을, 그 알려지지 않은 곳의 혼돈의 기억을 찾아 줄 수 있을까! 전염성 높은 그 마력이 온 마을을 슬프고 긴 상념의 십자가에 못 박아 놓은 듯하다.

잘 영근 깨끗한 곡식이 냄새를 풍기며 맑은 별들이 빛나는 탈곡장에 엉성하게 쌓아 올린 부드럽고 누런 언덕을 만든다. 추수꾼들은 피곤에 겨워 졸린 듯 낮은 목소리로 노래를 흥얼거린다. 과부들은 현관에 쭈그리고 앉아 마당 뒤편 너무나도 가까이 누워 있는 죽은 이들을 생각하고 있다. 아이들은 이 나무 저 나무로 폴짝대며 날아다니는 새들처럼 이 그늘 저 그늘로 뛰어다닌다.

호롱불을 밝히기 시작한 가난한 집들의 회칠한 문가에 어리는 어스름한 빛 사이로 낯선 걸인(밭으로 향하는 포르투갈 남자, 혹은 도둑놈인지도)의 은밀하고 불안하고 고통스러운 실루엣이 흐릿하게 지나가고 어둠 속에 움츠러든 그 모습은 느릿느릿 진행되는 신비로운 연보랏빛 황혼이 친근한 사물 위에 드리워지는 장엄함과 대조된다……. 아이들은 모두 흩어지고, 불도 켜지 않은 집

안에서는 '결핵에 걸린 공주를 치료하기 위해서 아이들 기름을 짜러 다니는' 사람들에 대한 옛날이야기를 해 준다.

LX

도장

플라테로야, 그건 시계처럼 생겼었어. 은상자를 열면 마치 둥지에 숨어 있는 새처럼 보라색 천에 박혀 있는 도장이 나왔단다. 하얗고 반반한 내 손바닥에 대고 잠시 누르면 이렇게 찍히는 것을 보고 얼마나 신기했는지 몰라!

프란시스코 루이스
모게르

돈 카를로스 학교를 다닐 때 친구가 가지고 다니던 그 도장을 얼마나 부러워했는지! 우리 집 벽장의 낡은 책상에서 찾아 낸 인쇄기로 내 도장을 하나 만들려고 해 보기도 했어. 그렇지만 잘 되지 않더라고. 특히 잘 찍히지가 않았어. 그렇게 쉽게 찍히는 친구 것과는 달랐어. 그건 책이나 벽, 우리 몸이나 포스터에도 이렇게 잘 찍히던데.

프란시스코 루이스

모게르

어느 날 세비야의 플라테로인 아리아스와 함께 예쁜 자, 컴퍼스, 색색의 잉크, 도장 등을 갖고 방물장수가 왔어. 다양한 모양과 크기의 도장이 있었지. 나는 내 저금통을 깨서 내 이름과 마을 이름이 새겨진 도장을 주문했단다. 그때 한 주일이 얼마나 길던지! 우편마차가 왔을 때는 얼마나 가슴이 뛰던지! 그렇지만 우편배달부 아저씨가 그냥 빗속으로 멀어져 갈 때 얼마나 서운했는지 몰라! 그러던 어느 날 저녁, 드디어 물건이 배달되었어. 연필, 펜, 밀랍으로 봉한 이니셜과 함께 온 그것은 단순하게 생겼지만 복잡한 기구였어……. 그렇지만 알게 뭐람! 살짝 뜯어 놓고 보니 멋진 글자가 새겨진 도장이 나타나더군.

도장 찍을 게 뭐 더 없나? 내 것이 또 뭐가 있지? 다른 사람이 내게 도장을 보여 달라고 하면 "조심해 다 닳겠다"라고 말하면서 불안에 떨었어. 다음날 날이 새자마자 난 도장을 들고 신나게 학교로 달려갔지. 그리고는 닥치는 대로 책, 옷, 모자, 장화, 손 등에 다음과 같이 도장을 찍어 댔어.

후안 라몬 히메네스
모게르

LXI

엄마 개

내가 이야기한 그 암캐는 사냥꾼인 로바토의 개야. 너는 그 개를 잘 알겠지. 왜냐하면 우리가 야노스 거리를 지날 때마다 그 개와 잘 마주쳤잖아. 기억나지? 5월 석양의 구름처럼 황금빛과 흰색 털이 섞여 있던 그 개 말이야. 그 개가 새끼를 네 마리 낳았어. 그런데 우유 배달 아줌마인 살룻이 그 새끼들을 마드레스 거리의 자기 오두막으로 데려갔대. 왜냐하면 자기 꼬마가 아팠는데 돈 루이스가 강아지 수프를 먹여야 한다고 그랬대나? 플라테로야, 너는 로바토의 집과 마드레스 다리 사이에 타블라스 거리가 있다는 것을 알거야.

사람들이 말하기를 로바토의 개는 그날 하루 종일 마치 미친개처럼 들어갔다 나갔다 하면서 도로를 기웃거리고, 흙담을 기어오르고, 지나가는 사람들 냄새를 맡는 등 안절부절 못했다는구나. 사람들은 저녁기도 시간까지도 그 개가 오르노스 거리의 감시인 집 곁에 놓인 석탄 자루 위에서 석양을 보며 슬프게 울부짖는 걸 보았대.

너는 엔메디오 거리에서부터 타블라스 거리까지 얼마나 먼지 알지? 그 개는 그날 밤새도록 네 번이나 그 길을 왔다 갔다 했다는구나. 그리고 한 번 올 때마다 입에는 새끼 한 마리씩을 물고 왔다고 해. 날이 밝아 로바토가 문을 열자 엄마 개는 문지방에서 잔뜩 불은 붉은 색 젖꼭지를 물고 있는 새끼들을 꼭 품고서 행복하게 자기 주인을 바라보았다는구나.

LXII

그 여자와 우리들

플라테로야, 아마 그 여자는 가고 있을 거야. 어디로 가냐고? 그 까맣고 외로운 고속 열차를 타고 흰 구름 사이를 뚫고 북쪽으로 달려가고 있겠지.

나는 너와 함께 아래쪽 노랗게 익어 춤추는 밀밭 사이에 있었어. 그 사이사이에는 7월이 이미 잿빛 왕관을 씌워 준 양귀비가 피 흘리는 듯 군데군데 피어 있었지. 그리고 기차 연기 같은 흰 구름은 정처 없이 흘러 다니며 간혹 햇빛과 꽃들을 가리곤 했어. 기억나니?

그때 작은 금발 머리에 검은 베일을 쓴 여자를 보았지! 그녀는 마치 사진틀 같은 차창에 그림자처럼 나타났다 사라진 초상화 같았어.

어쩌면 그 여자는 "저 상복을 입은 사내아이와 은색 당나귀는 도대체 누구일까?"하고 생각했을지도 모르지.

우리가 누구겠어! 우리지…… 그렇지, 플라테로?

LXIII

참새들

산티아고 축일 아침은 마치 솜이불을 펴 놓은 듯 하얀색과 회색의 뭉게구름으로 덮여 있었다. 모두들 미사에 가고 플라테로와 나는 마당에 참새들과 함께 남았다.

참새들이란! 간혹 가는 빗방울을 떨어트리는 둥그런 구름 아래에서 덩굴 사이를 들락날락하면서 얼마나 짹짹거리는지, 또 그 부리로 얼마나 쪼아 대는지! 한 마리가 나뭇가지에 털썩 앉았다 날아가 버리니 나뭇가지만 출렁대고 있다. 다른 한 마리는 우물가에서 하늘을 보며 부리로 물을 마시고 있다. 앞서 날아간 참새는 거의 말라 버린 꽃들이 가득한 농기구 창고 지붕 꼭대기에 날아 앉는다.

따로 정해진 축제일도 없는 새들에게 축복이 있을진저! 태어나면서부터 단조롭고 진정한 자유를 누리는 그 새들을 종소리가 축복하고 있다. 끔찍한 의무도 없고 노예처럼 불쌍한 인간들을 겁주는 지옥과 천국도 없는 행복한 새들은 자신 외에는 다른 도덕 규율도 없고 파란 하늘 외에 다른 신도 없는 내 형제들, 나의 다정한 형제들이다.

참새들은 돈과 여행 가방 없이도 여행을 다니고 자기들이 원하면 언제든지 이사를 하고 개울을 예상하고 나무를 찾을 수 있으며 날개만 펼치면 마냥 행복해지고 월요일이든 토요일이든 아무 상관이 없고 아무데서나 아무 때나 목욕을 하고 이름도 없는 사랑, 우주적인 연인을 사랑한다.

그리고 사람들이 ─아, 가련한 사람들!─ 일요일에 문을 닫고 미사에 가면 거룩한 의식이 없어도 즐거운 사랑의 모범을 보이는 참새들이 곧 문 닫힌 집의 정원에 왁자지껄 날아들고 이미 친숙해진 어느 시인과 순한 나귀(너도 끼워 줄까?)만이 형제애의 시선으로 참새들을 바라본다.

LXIV

프라스코 벨레스

오늘은 밖에 못 나가, 플라테로야. 내가 지금 막 에스크리바노 광장에서 시장의 포고문을 읽었어.

자랑스러운 모게르 시의 보행자들이 데리고 다니는 모든 개는 입마개를 하고 다니지 않을 경우 권한을 위임받은 단속원에 의해 사살될 것이다.

이건 무슨 소리냐 하면 이 마을에 광견병에 걸린 개들이 있다는 소리야. 어젯밤에 나는 총소리를 들었어. 프라스코 벨레스가 몬토리오, 카스티요, 트라스무로스에 창설한 '야간순찰대' 단속원들이 총을 쏘았지.

바보 같은 여자 롤리야가 온 동네가 듣도록 집집마다 크게 떠들고 다녔어. 이 마을에 미친 개는 없고, 단지 지금 시장(市長)이 이전 시장, 바스코처럼 총질을 해 댈 엉뚱한 유령을 만들어 놓은 후 용설란과 무화과로 만든 밀주를 팔아먹으려는 수작이라고. 그런데 만일 미친개가 있어서 너를 물어 버린다면 어쩌지? 플라테로야, 난 생각조차 하기 싫구나!

LXV

여름

플라테로가 피를 흘리며 간다. 쇠파리에게 물린 상처에서 진하고 검붉은 피가 흐른다. 매미는 있지도 않은 소나무를 톱질하듯이 울어 댄다. 순간적으로 빠져든 깊은 잠에서 깨어 보니 모래밭 풍경은 하얗게 변해서 그 유령 같은 열기 속에 한기를 느낀다.

연기가 만들어 낸 장미꽃 마냥 비단 종이나 얇은 망사 같은 넓은 꽃잎을 가진 키 작은 난초 장미가 선홍빛 눈물 네 방울을 달고 있다. 숨 막히는 더위는 말라 오그라든 소나무를 새하얗게 만든다. 한 번도 본 적 없는 까만 점박이 노란 새가 나뭇가지 위에서 조용히 앉아 영원이 된다.

농장 일꾼들은 하늘을 가득 메우며 오렌지 나무로 달려드는 긴 꼬리새를 쫓아내기 위해서 깡통을 두드려 대고 있다. 우리는 큰 호두나무 그늘로 들어가 수박 두 개를 자른다. 수박은 싱싱한 소리를 내며 길게 잘라져 붉은 속을 드러낸다. 나는 천천히 수박을 먹으며 멀리 마을에서 들려오는 저녁기도 소리를 듣는다. 플라테로는 설탕처럼 달콤한 수박을 물처럼 마신다.

LXVI

산불

큰 종소리가 울린다! 세 번…… 네 번……. "불이야!"

우리는 저녁을 먹다 말고 마음을 졸이며 어둡고 좁은 나무 계단을 통해 서둘러 옥상으로 올라간다.

"루세나 평원이야." 벌써 위로 올라간 아니야가 아직 다 올라가지 못한 우리를 향해 소리친다. 땡-땡-땡-땡! 밖으로 나오자 일단 신선한 공기를 호흡할 수는 있었지만 무겁게 때리는 낭랑한 종소리는 우리 귀를 멍하게 만들고 가슴을 두근거리게 한다.

"굉장히 큰데, 커……. 엄청난 산불이야."

그랬다. 어둠 속 소나무 숲 능선 너머로 보이는 먼 곳의 불길이 뚜렷한 윤곽을 보이며 소리 없이 타고 있다. 마치 검은색과 주홍빛이 섞인 칠보 같기도 하고, 검은색, 붉은색 그리고 순수한 흰색만을 사용하여 불길을 묘사했던 피에로 디 코지모*의 「사냥」처럼 보이기도 한다. 때때로 불길은 더 밝게 타올랐고 어떤 때는 빨간 불길이 초생달빛을 받아 분홍색으로 변하기도 했다. 8월의 밤은 깊어만 가고 마치 멈춘 듯하다. 그리고 불길은 마치 필수 원소처럼 이제 영원히 이 밤에 존재하는 듯하다. 덧없는 별이 하늘을 가르더니 수녀원 위의 푸른 하늘과 만난다……. 나는 나와 함께 있다…….

　저 아래 우리에서 플라테로의 울음소리에 정신이 퍼뜩 들었다……. 모두들 내려갔다……. 포도 수확기가 다가오는 밤의 부드러운 한기가 내 살갗을 자극하는 가운데, 어릴 때 산불을 내고 다닌다고 생각했던 그 사람이 방금 내 곁을 지나간 것처럼 느껴졌다. 그 페페 엘 포요는 이미 나이가 들어 갈색 피부와 흰 곱슬머리에 여인네처럼 불룩한 배를 꼭 끼는 검은 상의로 감춘 채 지브롤터 산(産), 긴 성냥들이 튀어나온 주머니들이 있는 흰색과 회색의 격자무늬 바지를 입고 다니면서 모게르의 오스카 와일드*라고 불리었다.

LXVII

시냇물

플라테로야, 카바요스 목장으로 가기 위해 지나가는 이 시냇물은 지금은 말라 버렸지만 오래된 나의 추억의 책갈피에는 한때 햇빛에 익은 양귀비들과 쓰러진 살구나무 옆에 있던 초원의 폐쇄된 우물과 함께 등장하기도 하고, 또 어떤 때는 내 마음속에서 실제로 존재하지 않거나 그냥 의심스러운 어느 먼 곳의 장소와 겹쳐져 우화적으로 변형된 채 나타나기도 한단다⋯⋯.

내가 야노스의 시냇물이 성 안토니오 길에서 시작해 울창한 백양목 숲을 가로지르며 흐르는 그 물이라는 것을 알았을 때, 여름에 물이 마른 그 개울을 따라서 여기 올 수 있다는 것을 알았을 때, 겨울에 백양목 숲에서 작은 코르크 배를 띄우면 소들이 지날 때 내 피난처가 되었던 앙구스티아스 다리 밑을 지나 여기 석류나무 있는 데까지 온다는 것을 알았을 때 나는 그 시냇물에 얽힌 어린 시절 추억을 떠올리며 해를 마주보고 있는 민들레처럼 웃음 지을 수 있었어⋯⋯.

어린 시절의 상상은 얼마나 즐거운지! 플라테로야, 네게도 그런 것이 있었는지 혹은 아직도 가지고 있는지 모르겠구나. 모든 것이

지나가 버리지만 곧 즐거운 추억으로 다가온단다. 보이는 모든 것도 결국 우리에게 남기는 것은 단지 순간적인 환상의 도장이 찍힌 듯한 이미지뿐이지……. 그리고 사람들은 반쯤은 눈먼 장님처럼 자신의 외면뿐 아니라 내면을 들여다보면서, 가끔씩 영혼 구석에 담겨 있는 자기 삶의 이미지들을 영혼의 그림자에 쏟아 버리기도 하고, 혹은 한 송이 꽃처럼 태양을 향해 열기도 하며, 이제 다시는 만나지 못할 깨달은 영혼의 시를 피안의 기슭에 살며시 내려 놓는단다.

LXVIII

일요일

종탑의 종소리가 가까이 들렸다 멀어졌다 하면서 유리처럼 파란 휴일 아침 하늘에 울려 퍼진다. 종소리의 멜로디는 즐겁게 내려앉는 꽃잎인 양 이미 누렇게 변한 들판을 금빛으로 물들이는 듯하다.

한 사람도 빼놓지 않고, 일꾼마저도 성체거동 행렬을 보기 위해 마을에 갔다. 오로지 우리들, 플라테로와 나만 남았구나. 얼마나 평화로운 시간인지! 얼마나 순수한 순간인지! 얼마나 편안한 느낌인지! 나는 플라테로를 초원에 풀어 두고 새들이 잔뜩 앉아 재잘거리는 소나무 아래 누워 책을 읽는다. 오마르 카얌*…….

종소리 사이의 고요 속에 내면적으로 숙성해 가는 9월의 아침이 존재를 드러내고 소리를 낸다. 싱싱한 포도송이 매달린 포도넝쿨 위로는 검은 띠를 두른 황금색 말벌이 날아다니고 꽃처럼 생긴 나비들은 한 번씩 날아오를 때마다 새로운 색깔의 옷을 입으며 변신하는 것 같다. 고독은 위대한 빛의 사상 같다.

플라테로는 풀을 뜯다가 가끔씩 나를 본다……. 나 역시 책을 읽다가 가끔씩 플라테로를 바라본다.

LXIX

귀뚜라미 소리

플라테로와 나는 밤길을 갈 때 듣게 되는 귀뚜라미 소리를 잘 알고 있다.

먼저 해질녘에 들리는 귀뚜라미 소리는 떨리는 저음으로 까칠하다. 귀뚜라미는 음조를 바꿔가며 시험해 보다가 점차 소리를 높여 가서 마침내는 가장 잘 어울리는 시간과 장소의 조화를 찾은 듯 자기 자리를 찾아낸다. 곧 투명한 초록 하늘에 별들이 빛날 때쯤이면 귀뚜라미 소리는 자유로운 방울 소리처럼 부드러운 멜로디를 갖춘다.

시원한 보랏빛 미풍이 불어오고, 한밤중의 꽃들은 꽃잎을 활짝 열고 천상인지 지상인지 헷갈리는 푸른 들판에는 순수하고 신비로운 정기가 가득하다. 귀뚜라미 소리는 절정을 맞아서 마치 어둠의 목소리인 양 온 들판에 가득 울려 퍼진다. 더 이상 떨지도 않고 막히지도 않는다. 마치 자기 자신에게서 솟아 나오는 듯한 하나의 음정은 유리 같은 어둠과 형제애를 나누며 다음 음정과 쌍둥이처럼 닮아 있다.

시간은 고요하게 흐른다. 세상에는 전쟁도 없고 농부는 깊은 꿈속에서 천국을 보며 평화롭게 잠들어 있다. 사랑만이 울타리에 얼기설기 얽힌 덩굴 사이에서 서로 눈을 맞추며 흥분해 돌아다닌다. 잠두콩 밭은 마치 순진하고 발가벗은 자유로운 사춘기 소녀처럼 부드러운 향기의 메시지를 마을까지 보낸다. 그리고 밀밭의 곡식은 초록 달빛 아래 두 시, 세 시, 네 시의 바람 소리에 한숨지으며 흔들린다……. 그렇게 울어 대던 귀뚜라미 소리도 사라져 버렸다…….

그런데 또 들린다! 한기에 몸을 떨며 밤이슬로 하얗게 빛나는 오솔길을 따라 잠을 자러 가는 새벽에 들리는 귀뚜라미 소리라니! 달도 붉어져 졸린 듯 기울어 가는데 귀뚜라미 소리는 달에 취하고 별빛에 흠씬 젖어 낭만적이고 신비롭게 온 새벽을 채운다. 그 시간, 불쌍하게도 거대한 구름은 청보랏빛으로 슬프게 물들며 바다에서 천천히 또 하루를 꺼낸다.

LXX

투우

그 아이들이 왜 왔는지, 플라테로, 너는 잘 모르지? 오늘 오후 투우 경기에 나갈 소들이 있는 곳의 열쇠를 찾으러 너를 타고 갈 수 있는지 물어보러 왔단다. 하지만 당황하지 마. 내가 그 애들에게 꿈도 꾸지 말라고 했어.

애들은 잔뜩 흥분했더군, 플라테로야! 온 마을이 투우로 들떠 있구나. 밴드는 선술집 앞에서 새벽부터 시끄럽게 굴더니 어느새 소리가 작아졌고 모두 제각각으로 음정도 틀리는구나. 차들도 왔다 갔다 하고 말들은 누에바 거리를 올라갔다 내려갔다 하는구나. 거리 뒷골목에서는 아이들이 좋아하는 투우사용 노란색 사륜마차인 카나리오를 준비하고 있구나. 정원에는 투우사들이 귀부인들에게 바칠 꽃을 준비하느라 꽃이 한 송이도 남아 있지 않네. 젊은이들이 챙 넓은 모자를 쓰고 셔츠를 걸치고 담배를 꼬나물고 술 냄새를 풍기며 건들건들 거리를 쏘다니는 건 정말 꼴불견이야…….

플라테로야, 대략 두 시쯤 되면, 해가 중천에 뜬 그 고독의 순간에 투우사들과 귀부인들이 옷을 갈아입는 그 틈을 이용해 우리는 뒷문으로 빠져나가서 거리를 가로지른 다음 지난해처럼 들판으로 가자.

아무도 없는 이맘때의 들판은 얼마나 아름다운지! 농장에는 노인네 한 분만이 아직 설익은 포도나무나 맑은 개울물 위로 몸을 숙이고 있는 것이 보일 뿐이야. 저 멀리 마을 위로는 어릿광대의 왕관처럼 투우장의 둥그런 함성 소리와 손뼉 치는 소리, 음악 소리가 떠오르더니 바다를 향해 조용히 나아가는 동안 잦아드는구나. 플라테로야, 우리 영혼은 감정 덕분에 자기가 소유한 것의 진정한 여왕임을 느끼고, 영원히 빛나는 자신의 아름다움을 누릴 만한 사람에게만 허락하는 자연이라는 거대하고 건강한 몸의 진정한 주인이라는 생각이 드는구나.

LXXI

폭풍우

두려움. 숨죽임. 식은 땀. 낮게 드리운 하늘이 새벽의 목을 죄고 있다. (도망갈 구멍도 없다.) 침묵……. 사랑도 멈춘다. 죄책감은 떨고 있다. 후회로 눈을 감는다. 또다시 침묵…….

귀가 먹먹하도록 사방으로 끝없이 울려 대는 천둥은 마치 멈추지 않는 하품처럼, 하늘 꼭대기에서 엄청난 돌덩이가 마을로 떨어지는 것처럼 황량한 아침을 가로지른다. (숨을 곳도 없다.) 모든 연약한 것들, 꽃들도 새들도 삶에서 사라진다.

겁에 질린 놀란 마음이 반쯤 열린 창문 틈으로 비극적으로 번쩍이는 신을 보고 있다. 저기 동쪽에는 갈라진 구름 사이로 어두움을 이길 수 없어 슬퍼하며 추위에 초라해진 접시꽃과 장미꽃이 보인다. 아직 새벽 4시 같은데 새벽 6시 마차가 폭우 속에 길모퉁이에 서 있고 마부는 두려움을 떨치느라 노래를 하고 있다. 그리고 텅 빈 포도 수확용 수레가 급하게 지나간다…….

첫 삼종기도를 알리는 종소리! 강하고 내팽개쳐진 듯한 종소리는 천둥소리 사이로 흐느긴다. 이것이 세상에서의 마지막 삼종기도 종소리인가? 사람들은 종소리가 빨리 끝나기를 원하는지 아니면 폭풍우를 잠재울 정도로 종소리가 더 울리기를 원하는지. 사람들은 이리저리 움직이고, 울고, 자신이 무엇을 원하는지도 모른다…….

(도망갈 곳도 없다.) 심장이 얼어붙었다. 아이들은 사방에서 아우성이다.

"부실한 외양간에 홀로 있는 플라테로는 어찌 되었을까?"

LXXII

포도 수확

플라테로야, 올해는 포도를 싣고 오는 나귀들이 확 줄었구나! '6레알 드립니다'라고 큰 글씨로 붙여 놓은 벽보도 소용이 없구나. 너처럼 황금빛 액체, 핏빛의 검붉은 액체를 등에 지고 가던 누세나, 알몬테, 팔로스 마을의 나귀들은 다 어디로 간 거지? 포도 압착기 순서를 기다리면서 몇 시간씩 함께 줄을 서서 있었는데 말이야. 포도즙이 길거리에 흘렀고 여인네들과 아이들은 주전자, 단지, 항아리에 가득 담고는 했는데…….

그때 양조장은 얼마나 즐거웠니! 디에스모 양조장을 너도 기억하지, 플라테로? 지붕으로 가지를 늘어뜨린 떡갈나무 아래 양조장 아저씨들이 노래를 부르면서 무겁고 반짝이며 경쾌한 소리가 나는 철제 솔을 가지고 술통을 닦으면 맨발의 포도주 기술자들은 포도주나 갓 짜낸 거품 나는 핏빛 원액을 통에 담아 옮기고 있었어. 그리고 도구를 모아 놓은 양조장 저쪽 구석 창고에서는 목수들이 깨끗하고 향긋한 톱밥 속에서 술통을 만드는 둥근 망치 소리가 났어……. 나는 양조장 일꾼들의 귀여움을 독차지하며 한쪽 문을 통해 알미란테 양조장으로 들어가 다른 쪽 문을 통해서 나오곤 했지. 즐겁게 마주보고 있는 이 두 문은 서로에게 빛과 삶이 되어 주었어…….

스무 대의 압착기가 밤낮 없이 돌아갔어. 얼마나 정신이 없었는지! 또 얼마나 희망의 열기에 가득 찼는지! 그런데 올해는 모든 창문이 닫혀 있고 농장의 기계만 가지고 두 세 사람만 일을 해도 충분하구나.

플라테로야, 바로 이럴 때 뭔가 해야지, 마냥 게으름을 피우고 있을 수는 없지 않니?

……짐을 잔뜩 실은 다른 나귀들이 한가하게 놀고 있는 플라테로를 바라본다. 플라테로를 싫어하거나 나쁘게 생각할까 봐 나는 플라테로를 데리고 옆 작업장으로 가서 포도를 싣고 줄 서 있는 나귀들 사이를 천천히 지나 압착기가 있는 곳으로 간다……. 그리고는 은근슬쩍 플라테로를 그곳에서 다시 데리고 나온다.

LXXIII

야상곡

하늘로 붉은 조명이 반사되는 축제의 마을에서 부드러운 바람을 타고 향수를 자극하는 슬픈 왈츠 소리가 들린다. 문 닫힌 종탑은 창백하고 심각한 얼굴로 말없이 서 있고 보라색, 푸른색, 밀짚색의 후광이 그 뒤를 떠돌고 있다……. 저 아래 교외의 어두운 술 창고 뒤로는 노란 달님이 졸린 듯 강 위로 외롭게 지고 있다.

들판은 나무들과 나무들의 그림자만이 외롭게 있다. 끊어질 듯이어지는 귀뚜라미 울음소리, 숨어서 흐르는 물의 속삭이는 대화 소리, 마치 별들이 녹아 버린 듯 축축한 부드러움이 있다……. 플라테로는 따뜻한 마구간 아랫목에서 구슬프게 운다.

양들이 깨어 돌아다니는지 방울 소리가 신경질적으로 들리다가 부드러워지더니…… 드디어 잠잠하다. 멀리 몬테마요르 쪽에서 다른 나귀가 운다……. 그러더니 조금 후 바예후엘로 쪽에서는 또 다른 나귀가……. 개도 짖는다.

너무도 밝은 밤, 정원의 꽃들은 아직 낮인 양 제 색깔을 뽐낸다. 푸엔테 거리 끝에 있는 집 근처 깜박이는 붉은 가로등 밑에서는 외로운 남자가 모퉁이를 돌고 있다……. 내가 아니냐고? 나는 아니야. 나는 여기서 달과 라일락, 산들바람과 그림자 때문에 흔들리는 황금빛 천상의 향기로운 어두움 속에서 비할 데 없이 깊은 내 심장 소리를 듣고 있어……

삼라만상이 열심히 부드럽게 돌고 있다…….

LXXIV

사리토

포도 수확기 어느 날 오후, 내가 개울가 포도밭에 나가 있는데 어떤 흑인 아이가 나를 찾는다고 여자들이 알려 주었다.

마당으로 나가고 있을 때 그 아이는 이미 비탈길을 내려오고 있었다.

"사리토"

푸에르토리코 출신 내 애인인 로살리나*의 몸종인 사리토였다. 그는 마을을 돌아다니며 투우를 하기 위해 세비야를 떠났다가 두 번이나 피로 적신 투우 망토를 어깨에 두르고 한 푼도 없이 굶주린 채 니에블라*에서부터 걸어서 날 찾아 왔다.

포도를 수확하는 일꾼들은 경멸감을 감추지 못한 채 그를 결눈 질로 보고 있었다. 여자들은 싫어서라기보다는 자기 남자들 눈치를 보느라 그를 피했다. 사리토는 압착기 옆을 지날 때 달려들어 자기 귀를 물어뜯은 아이와 이미 한바탕 싸움을 한 뒤였다.

나는 그를 보고 웃으며 다정하게 이야기했다. 사리토는 감히 나를 만지지는 못하고 대신 포도를 먹으며 그곳을 지나가던 플라테로를 쓰다듬었다. 그리고는 점잖게 나를 바라보았다.

LXXV

시에스타

무화과나무 아래에서 낮잠을 자다가 깰 때, 빛이 바랜 오후의 태양은 얼마나 슬프도록 아름다운가!

녹아내리는 듯한 시스터꽃 향기가 실린 메마른 바람이 땀 흘리며 잠에서 깬 나를 어루만진다. 다정스런 고목의 커다란 잎들이 가볍게 흔들리면 나를 우울하게 했다가 때로는 밝은 기분이 들게 하기도 한다. 마치 나를 요람에 눕혀 놓고 그늘에서 햇빛으로, 다시 햇빛에서 그늘로 살랑살랑 밀어 대는 듯하다.

멀리 텅 빈 마을에는 저녁기도를 알리는 세시의 종소리가 맑은 대기의 파도를 타고 울려 퍼진다. 내게서 속이 빨갛게 들어찬 달콤한 수박 한 덩이를 뺏아 간 플라테로는 종소리를 들으면서 끈질긴 초록색 파리가 커다란 눈 주위에서 윙윙대는 데도 꼼짝하지 않고 서서 그 큰 눈을 껌벅이며 나를 바라보고 있다.

플라테로의 지친 듯한 눈을 보자 내 두 눈도 다시금 피곤해진다. 다시 바람이 가볍게 불고 내 두 눈은 마치 날아오르려던 나비가 날개를 도로 접는 것처럼 갑자기…… 풀어진 내 눈꺼풀도…… 날개를…… 접는다…….

LXXVI

불꽃놀이

축제로 떠들썩한 9월의 밤이면 우리는 농장 뒤 작은 동산으로 올라가 저수지의 감송향이 진동하는 평화로움 속에서 마을의 축제를 느끼곤 했다. 잔뜩 술에 취한 늙은 포도밭지기 피오자는 타작마당에서 달을 바라보며 하염없이 소라 고동을 불어 댔다.

축제가 무르익자 불꽃놀이가 시작되었다. 처음에는 작게 픽픽거리는 소리였다. 그리고는 꼬리가 없는 폭죽이 위에서 단숨에 터지면서 순간 들판에 색색의 별을 뿌린다. 어떤 것은 마치 옷을 벗고 등을 굽히고 있는 처녀 같고 어떤 것은 빛으로 만든 꽃들이 피처럼 뿜어지는 것 같았다. 오, 불을 밝힌 공작새들이여, 밝은 장미들이 가득한 천상의 정원이여, 별들의 정원을 거니는 불빛 까투리들이여!

폭죽이 터질 때마다 플라테로는 천지사방이 갑자기 번쩍이는 가운데 빨강, 보라, 파랑으로 안색이 변하며 제 몸을 떨었다. 동산 위에서 그의 그림자를 커졌다 작아졌다 하게 만드는 번쩍이는 광채 속에서 나는 겁에 질려 나를 바라보는 그의 커다란 검은 두 눈을 바라보았다.

멀리 마을 사람들의 함성 소리 사이로 마지막 폭죽이 커다란 천둥소리와 함께 성을 에워싸는 황금 왕관을 하늘에 뿌려 놓을 때 여자들은 눈을 감고 귀를 막았고, 플라테로는 마치 자신의 영혼을 데리러 오는 악마를 피해 도망가는 것처럼 나무 사이를 가로질러 조용한 소나무 숲 그늘을 향해 미친 듯 소리치며 달아났다.

LXXVII

베르헬 공원

　도시에 온 김에 나는 플라테로와 베르헬 공원에 놀러 갔다. 우리는 아직 잎이 무성한 아카시아와 플라타너스 나무의 시원한 그늘로 걸어간다. 물기 반짝이는 넓은 포석에 플라테로의 발굽 소리가 울리고 파란 하늘과 군데군데 떨어진 흰 꽃들이 물과 어우러져 부드럽고 은은한 향기를 풍긴다.

　울타리를 덮은 담쟁이덩굴 잎에서 방울방울 떨어지는 물기에 젖은 정원은 얼마나 시원한지! 그 정원에서 나는 향기는 얼마나 좋은지! 안에서는 아이들이 뛰어놀고 있다. 그 하얀 무리 사이로 초록 지붕에 보라색 깃발을 단 꼬마 열차가 요란한 경적 소리와 종을 울리며 공원을 돌고 있다. 빨간색과 황금색 장식을 한 배 모양의 땅콩팔이 수레는 군것질 거리를 가득 싣고 뱃고동에선 연기를 뿜어내고, 풍선 파는 소녀는 빨강, 초록, 파랑 풍선을 한 아름 들고 다닌다. 아이스크림 파는 아저씨는 빨간 통 아래 늘어져 있다……. 하늘에는 심술궂은 가을이 건드려 놓은 초록 반죽 사이로 사이프러스 나무와 야자나무가 버티고 있고, 분홍 구름 사이로는 달님이 노란 등을 켜고 있다…….

이윽고 공원 정문에 도착해 들어가려는데 노란 지팡이에 몸을 지탱하고 커다란 은시계를 찬 파란 옷 아저씨가 말한다.

"선상님, 당나구는 못 들어가는구만유."

"당나귀요? 무슨 당나귀 말씀인가요?" 나는 플라테로가 동물이라는 걸 잊은 채 플라테로 뒤를 바라보면서 아저씨에게 말한다.

"무슨 당나구라니유? 무슨 당나구것시유!"

　그제야 제 정신이 든다. 하지만 플라테로는 동물이라 못 들어가고 나는 사람이기에 들어가는 그런 공원은 가고 싶지 않다. 나는 발길을 돌려 나오면서 플라테로를 쓰다듬으며 다른 이야기를 해준다.

LXXVIII

달

플라테로는 마당 우물에서 별이 담긴 물을 두 바가지나 마시고 키 큰 해바라기 사이로 천천히 무심하게 제 집으로 돌아가고 있었다. 나는 해바라기의 은은한 향기에 휩싸인 채 문 앞 하얀 석회 기둥에 기대 플라테로를 기다리고 있었다.

9월의 부드러운 습기를 머금은 지붕 위로 소나무 향을 강하게 풍기는 들판이 멀리 잠들어 있었다. 커다란 검은 구름이 막 황금 알을 낳은 커다란 암탉처럼 언덕 위로 달을 낳았다.

나는 달에게 말했다.

<blockquote>

…… 그러나 혼자서
하늘에 달님이 떴는데, 아무도
꿈이 아니라면, 이 달을 보지 못했으리.*

</blockquote>

플라테로가 달을 뚫어져라 바라보다가 부드럽지만 강한 소리를 내며 한쪽 귀를 흔들었다. 그러더니 나를 빤히 보면서 다른 쪽 귀를 마저 흔들었다.

LXXIX

기쁨

플라테로가 상현달처럼 하얀 예쁜 강아지 디아나와 늙은 잿빛 양과 더불어 아이들과 놀고 있다.

디아나가 날렵하고 우아하게 나귀 앞에서 가벼운 방울 소리를 내며 그의 코를 무는 듯 뛰어오른다. 플라테로는 선인장의 두 뿔처럼 두 귀를 쫑긋 세우고 강아지를 가볍게 밀어 꽃이 핀 풀밭 위로 구르게 한다.

양은 플라테로 옆으로 다가와 다리를 비벼 대더니 플라테로가 이고 있는 풀잎들을 뾰족한 주둥이로 뽑아낸다. 이번엔 카네이션과 들국화를 입에 물고 플라테로 앞으로 오더니 깡충대며 흥겨운 소리를 낸다. 애교부리는 여자처럼······.

아이들에게 플라테로는 장난감이다. 아이들 장난을 견디려면 얼마나 많은 인내심이 필요한지! 아이들이 떨어지지 않도록 천천히 가다가 멈추면서 얼마나 잘 놀아 주는지 모른다! 갑자기 뛰어 나가는 척 하면서 아이들을 얼마나 재미있게 놀려 주는지!

모게르의 청명한 가을날 오후! 10월의 맑은 공기가 깨끗한 소리들과 어울릴 때, 계곡에서는 산양과 당나귀의 한가한 울음소리,

아이들의 웃음소리, 강아지 짖는 소리와 방울 소리가 전원생활의
기쁨으로 피어오른다.

LXXX

오리들의 행렬

플라테로에게 물을 먹이러 갔다. 고요한 밤에 구름이 흐릿하게 떠 있고 그 사이로 별이 빛나는데 저 위 침묵 속의 목장 쪽에서 분명히 무언가 부산하게 지나가는 소리가 들린다.

오리들이었다. 바다 태풍을 피해 육지로 올라오고 있다. 때때로 우리가 올라가는 듯, 아니면 오리들이 내려가는 듯, 오리들의 가벼운 날갯짓 소리, 꽉꽉대는 소리가 마치 들판에서 멀리 떠나가는 누군가의 말소리처럼 들린다.

플라테로는 물을 마시다가 가끔씩 내가 그러는 것처럼 혹은 밀레의 그림에 나오는 여자들처럼 고개를 들어 부드러우면서도 막연한 향수에 젖어 별을 바라본다.

LXXXI

어린 소녀

그 어린 소녀는 플라테로의 영광이었다. 그 아이가 하얀 원피스에 밀짚모자를 쓰고 백합꽃 사이로 걸어 나오며 "플라테로, 우리 예쁜 플라테로야!"라고 부르면 플라테로는 끈이 끊어져라 당기며 사내아이처럼 펄쩍펄쩍 뛰면서 미친 듯이 힝힝대었다.

여자아이는 맹목적인 신뢰를 가지고 플라테로 다리 사이를 왔다 갔다 하면서 향기가 나는 순진한 손으로 플라테로의 분홍빛 코와 누런 이빨을 만지고 고개를 낮추어 주는 플라테로의 귀도 잡으면서 어리광스러운 목소리로 이름을 재미있게 바꿔가며 불러 대었다. "플라테로! 플라테롱! 플라테리요! 플라테레테! 플라테루초!"

그 여자아이가 요람을 타고 죽음을 향해 레테 강을 건너는 동안 아무도 플라테로를 기억하지 못했다. 소녀는 헛소리를 하면서 슬프게 "플라테리이이요……!"를 불렀다. 어둡고 한숨소리만 가득한 집 안에서 가끔씩 나귀 친구의 탄식하는 울음소리만 멀리서 들렸다. 아, 얼마나 슬픈 여름날이었는가!

장례식 오후, 하느님께서는 얼마나 너를 화려하게 꾸며 주셨는지! 장밋빛과 황금빛 9월의 하루는 지금처럼 곧 저물어 버렸어.

묘지에서 영광의 길로 안내하는 석양의 종소리는 얼마나 장엄하게 울리고 있었던가……! 나는 혼자 슬퍼하며 담을 따라 돌아왔고 사립문을 지나 집으로 들어갔다. 그리고 사람들을 피해 마구간으로 가서 앉아 플라테로와 함께 생각에 잠겼다.

LXXXII
꼬마 목동

보랏빛 하늘이 어두워져 가는 언덕에서 초록색 수정 같은 황혼과 대비되어 검게 보이는 어린 목동이 파르르 떠는 샛별 아래 작은 피리를 불고 있다. 어둠 속으로 사라져 버린 자신의 자태를 짙은 향기로 되살려 내고 싶은 꽃들의 진한 향기가 마을로 들어가기 전 집결지에 모여 웅성대고 있는 양떼의 부드럽고 맑은 방울 소리에 섞여 사방으로 흩어진다.

"도련님, 그 나귀가 제 거라면 얼마나 좋을까유……."

어스름한 저녁 더 까맣고 목가적으로 보이는 가운데 순간적으로 환해지는 두 눈을 반짝이는 꼬마는 세비야 출신의 자랑스러운 화가 바르톨로메 에스테반 무리요*의 그림에 나오는 어린 거지 소년과 꼭 닮았다.

마음이야 나도 주고 싶지만……. 그렇지만 너 없이 나는 어떻게 살라고, 그렇지 플라테로야?

몬테마요르 수도원 위로 둥근 달이 떠올라 아직 흐릿한 햇빛의 잔영이 남아 있는 초원 위로 부드럽게 미끄러져 간다. 꽃이 가득 핀 들판은 환상적이다 못해 말로는 표현할 수 없는 태곳적 아름다움을 뽐내고 있고, 바위들은 더욱더 높고 거대하고 슬퍼 보이며, 모습을 감춘 개울물 소리는 한층 더 흐느끼는 듯하다……

이미 멀어져 간 어린 목동은 욕심 사납게 소리친다.

"에이, 저 나귀 갖고 싶은디……."

LXXXIII

방울새 숨지다

플라테로야, 아침에 일어나 보니 아이들의 친구 방울새가 은빛 새장에서 죽어 있더구나. 사실 그 새는 너무 늙었지. 너도 기억하겠지만 지난겨울엔 울지도 않고 머리를 가슴에 묻은 채 조용히 지냈어. 그리고 봄이 오면서 태양이 빛나고 정원의 장미가 화창하게 피니까 방울새도 다시금 새롭게 삶을 뽐내고 싶었는지 노래를 불렀지. 그러나 목소리는 다 닳아빠진 피리처럼 갈라진 쉿소리가 났어.

아이들 가운데 제일 큰 아이가 방울새를 보살펴 왔는데 그만 새장 바닥에 뻗어 있는 방울새를 발견하고는 울면서 말했지.

"엉엉…… 먹을 것도 주고 물도 주고 아무 것도 부족한 것 없이 해 줬는데!"

당연히 부족한 것은 하나도 없었단다, 플라테로야. 캄포아모르*의 말대로 그냥 또 한 마리의 늙은 방울새가 죽은 거야…….

플라테로야, 새들에게 천국이 있을까? 파란 하늘 위로 하얀 새, 분홍 새, 파란 새, 노란 새들의 영혼이 날아다니는 황금빛 장미가 가득 핀 초록 정원이 있을까?

있잖아……. 밤이 되면 아이들과 우리 함께 방울새를 데리고 정원으로 내려가자. 오늘은 보름달이 뜰 테고 블랑카*의 자그마한 손에 누운 불쌍한 방울새는 달빛을 받아 마치 노랗게 뜬 백합꽃잎처럼 보일거야. 우리 친구를 커다란 장미덩굴 아래 묻어 주자꾸나.

플라테로야, 봄이 오면 그 새는 하얀 장미로 피어날 거야. 향기로운 대기는 음악이 될 테고 4월의 태양에 보이지 않는 날개를 달고 날아가고 또한 순금의 맑은 물이 되어 흘러가겠지.

LXXXIV

언덕

플라테로야, 너는 내가 낭만적인 동시에 고전적인 자세를 하고 언덕에 누워 있는 것을 한 번도 본 적 없지?

……소들이 지나가고 개들이 지나가고 사슴들이 지나가도 나는 움직이지 않는단다. 아니 쳐다보지도 않아. 밤이 되어 어두움이 나를 쫓아낼 때야 나는 자리를 떠난단다. 내가 언제부터 거기서 그랬는지 모르겠고 심지어는 한 번도 그곳에 가 본 적이 없는 것 같기도 해. 너는 내가 어떤 언덕을 말하는지 알거야. 코바노의 오래된 포도밭 위로 남자나 여자의 흉상 가슴같이 솟아오른 저 붉은 언덕 말이야.

내가 읽은 모든 책은 그 언덕에서 읽었고 나의 모든 생각은 그 언덕에 앉아 있을 때 떠오른 거야. 나는 어떤 미술관에 가든 내 자신이 그린 그 그림을 보게 돼. 나는 검은 옷을 입은 채 나를 등지고—그러니까 너나 그림을 보는 모든 사람을 등지고 있는 거지—모래밭에 엎드린 채 나의 자유로운 생각은 두 눈과 지는 해 사이를 자유롭게 왔다 갔다 하고 있어.

피냐의 집*에서는 와서 밥 먹으라고 혹은 자고 가라고 부르지. 그런데 내가 가더라도 내 몸은 아직 그곳에 머물러 있었는지도 모르겠어. 그래도 내가 확실히 아는 것은, 플라테로야, 지금 여기 너와 함께 있지 않다는 거야. 그 어디에 있든, 죽은 후 무덤에 있더라도 마찬가지겠지. 나는 고전적이면서 동시에 낭만적인 그 붉은 언덕에서 손에 책을 들고 강 너머로 해가 지는 모습을 바라보며 있어.

LXXXV

가을

플라테로야, 요즘 들어 점점 해가 이불을 걷고 나오면서 게으름을 피우기 시작하는구나. 요즘엔 농부들이 태양보다 더 일찍 일어난단다. 사실 해는 벌거벗은 듯하고 날씨는 쌀쌀해지는 시절이야.

북풍은 얼마나 불어 대는지! 땅을 좀 봐. 잔가지들이 떨어져 있구나. 바람이 얼마나 매섭고 사나운지 가지들이 나란히 남쪽을 향하고 있어.

쟁기는 마치 거친 전쟁터의 무기처럼 평화를 일구는 즐거운 일을 하러 가는구나, 플라테로야. 축축이 젖은 넓은 길 양쪽으로는 황금빛으로 물든 나무들이 다시 푸르러질 거라는 믿음으로 부드럽게 빛나는 선명한 황금색 아궁이 불빛처럼 우리의 종종 걸음을 비추어 주고 있구나.

LXXXVI

줄에 묶인 개

플라테로야, 내게 가을이 왔다는 것은 서글프고 추워지기 시작하는 오후가 되어 정원 혹은 마당의 고독 속에 줄에 묶인 개가 맑고 길게 짖어 대는 것과 같아……. 내가 어디 있든지, 플라테로야, 요즘처럼 노랗게 단풍이 짙어질 때면 줄에 묶인 그 개가 석양을 보며 짖어 대는 소리를 듣는단다.

그 소리는 내게 조가(弔歌)처럼 들려. 마치 평생을 호강하며 살아온 부자가 자신의 마지막 남은 재산을 써 버리고 파산할 때의 심정이 이렇지 않을까 싶네. 이제 남은 것이라곤 금붙이 하나밖에 없지만 그것이나마 마음속에 악착같이 붙잡고 있으면서 놓지 않으려고 발버둥치는 모습이야. 마치 어린아이들이 조그만 거울 조각으로 햇빛을 모아 그늘이 드리운 벽으로 가져가 나비나 낙엽의 이미지들을 뚫어져라 비추어 대는 것 같아…….

참새와 구관조들은 오렌지 나무나 아카시아 나뭇가지 사이를 날아다니며 점점 태양과 가까워지는구나. 햇빛은 분홍색과 보라색으로 변해 가고……. 아름다움은 덧없는 순간을 영원하게 하고 죽은 이처럼 맥박이 없는 것도 영원히 살아 있게 만든단다. 그리고 그 개는 어쩌면 그 아름다움이 죽어 갈까 봐 그렇게 사납고 끈질기게 짖어 대는 지도 모르겠어.

LXXXVII

그리스 거북이

나와 내 동생이 그 거북이를 발견한 것은 어느 날 정오경 학교에서 돌아오는 길이었어. 8월이었는데 —그날 하늘은 푸르다 못해서 검은 빛이었지, 플라테로야! — 더위를 피하기 위해서 더 가까운 그 지름길을 따라 가고 있었어. 논둑 사이 풀숲에 오랜 가족 같은 노란 카나리아 나무 그림자로 살짝 가려진 채 그 거북이가 무방비 상태로 있었어. 우리는 깜짝 놀라 일하는 누나의 도움을 받아서 그 거북이를 잡아, 기대에 들뜬 목소리로 "거북이야, 거북이"라고 외치며 집으로 들어섰지. 그리고 거북이가 너무 더러워서 물을 끼얹으며 목욕을 시키자 책에서 볼 수 있는 것처럼 황금색과 검은색의 줄무늬가 나왔단다.

호아킨 데 올리바르 교장 선생님과 초록 새 아저씨 그리고 다른 사람들은 그것이 그리스 거북이라고 말했어. 그리고 내가 예수회 학교에서 자연사를 공부할 때 그리스 거북이라고 책에 소개된 것도 그것과 똑같았어. 게다가 커다란 진열장에 그 이름표를 달고 박제가 되어 있는 것도 보았어. 그러니 의심의 여지없이 그것은 그리스 거북이란다, 플라테로야.

그때부터 거북이는 항상 그 자리에 있었어. 어렸을 때 우리 장난꾸러기들은 그리스 거북이를 데리고 못된 장난도 쳤지. 철봉 그네에 매달아 놓기도 하고 로드에게 던지기도 하고 하루 종일 뒤집어 놓기도 했지……. 한 번은 소르디토가 그 등가죽이 얼마나 딱딱한지 보여 준다고 거북이 등에 총을 쏘았어. 총알은 튕겨나가서 우물가에서 물을 마시던 불쌍한 흰 비둘기를 죽이기도 했단다.

여러 달 거북이를 보지 못한 채 시간이 갔어. 그러던 어느 날 갑자기 석탄더미에서 마치 죽어 있는 듯이 빳빳한 상태로 나타나더군. 또 하루는 하수구에서 나타났어……. 때때로 비어 있는 닭 둥지가 어딘가에 있을 거북이의 존재를 말해 주기도 했지. 거북이는 닭과 함께 먹고 비둘기나 참새와도 같이 먹었어. 그래도 거북이가 제일 좋아하는 것은 토마토였어. 때때로 봄이 되면 마당을 독차지하고는 메마르고 외롭고 영원한 노년의 탈을 벗고 새롭게 가지를 치는 것 같아. 또 다른 한 세기를 살기 위해 새롭게 태어나는 것 같았지.

LXXXVIII

10월의 오후

방학이 지나갔고 단풍이 들기 시작할 때 아이들은 개학을 했다. 적막함. 집에 들은 햇빛까지도 낙엽처럼 텅 빈 것 같다. 꿈결인 듯 멀리서 고함 소리와 웃음소리가 들린다.

아직 꽃이 남아 있는 장미 덩굴 위로 오후가 천천히 내려앉는다. 타오르는 석양빛은 남아 있는 장미를 붉게 물들이고 정원은 불붙은 듯한 해거름을 향해 향기의 불길처럼 타오르면서 다 타버린 장미의 냄새가 난다. 고요함.

플라테로 역시 나처럼 지루한지 뭘 해야 할지 모른다. 점점 내게 다가와 잠시 망설이더니 급기야 마음 놓고, 말라 단단해진 벽돌들을 밟으며 나와 함께 집으로 들어온다…….

LXXXXIX

안토니아

시냇물이 너무 불어나서 여름 내내 시냇가에 당당하게 자태를 뽐내며 서 있던 노란 붓꽃들이 도망치듯 내려가는 물결에 아름다운 꽃잎을 한 잎 한 잎 떨구며 뿔뿔이 휩쓸려 갔다.

그런데 안토니아는 저렇게 잘 차려입고 어디를 가는 거지? 우리가 놓은 징검다리도 물에 잠겨 버렸는데. 그 소녀는 시냇가를 거슬러 버드나무 방책이 있는 곳까지 올라가 개울물을 건널 수 있는지 보았다. 그러나 건널 수 없었다. 그래서 내가 근사하게 폼을 잡으며 플라테로를 타고 건너라고 했다.

내가 그렇게 말하는 순간, 안토니아는 순진한 회색 눈가 주위에 난 주근깨까지 온 볼이 발그레해지며 얼굴 전체가 환해졌다. 그리고 갑자기 나무에 대고 웃음을 터뜨렸다. 마침내 결심한 듯 그녀는 분홍색 실로 짠 손수건을 풀밭에 던지고는 날쌘 사냥개처럼 한 걸음에 달려오더니, 빨강과 하얀색 동그라미 무늬가 돋보이는 스타킹을 신은 동그란 발을 양쪽으로 뻗으며 사뿐히 플라테로의 등에 올라탔다.

플라테로는 잠시 생각하더니 자신에 찬 발걸음을 시냇물 맞은

편으로 옮겼다. 나와 시냇물을 사이에 두고 멀어져 간 홍조 띤 안토니아는 박차를 가했고 플라테로는 흔들리며 웃어 대는 갈색 소녀의 금빛 은빛 웃음소리에 싸여 단숨에 맞은편 뭍으로 뚜벅뚜벅 올라섰다.

……수선화 향기와 물 내음 그리고 사랑의 향기가 났다. 가시 달린 장미 화관처럼 셰익스피어가 만들어 준 클레오파트라의 대사가 내 머리 속에 맴돌았다.

오! 안토니오의 무게를 감당해 낸 행복한 말이여!

급기야 나는 질투에 휩싸여 "플라테로!" 하고 화가 난 듯 거칠게 소리 질렀다.

XC

잊힌 포도송이

10월의 긴 비가 내린 후 황금빛 햇살이 가득한 화창한 날 우리는 모두 포도밭으로 갔다. 플라테로는 등에 진 한쪽 광주리에 도시락과 여자아이들의 모자를, 다른 쪽 광주리에는 무게 균형을 맞추기 위해 마치 복숭아꽃과도 같이 부드럽고 분홍색과 흰색이 동시에 감도는 블랑카를 태웠다.

새롭게 단장된 들판은 얼마나 아름다운지! 시냇물이 넘칠 듯 흐르고 논과 밭은 부드럽게 이랑이 파여 있는데, 길가 버드나무들은 아직 노란 잎사귀로 치장하고 있고 벌써 검은 새들이 보였다.

갑자기 여자아이들이 경주하듯 뛰어가며 소리쳤다.

"포도다!", "한 송이가 남았어!"

아직 거무스레한 잎들과 선홍색 잎들이 남아 있는 길게 꼬인 늙은 포도나무 덩굴에 매달린 선명하고 싱싱한 자줏빛 포도송이 하나가 쨍쨍한 햇빛에 가을의 여인처럼 익어 가고 있었다. 여자아이들 모두 포도를 먹고 싶어 했다. 빅토리아는 포도송이를 따서 등 뒤로 감추었다. 내가 달라고 하자 이제 막 여인이 되려하는 소녀가 남자에게 기꺼이 달콤하게 순종하듯 내게 포도를 내주었다.

그 포도송이에는 커다란 포도 알이 다섯 개 있었다. 하나는 빅토리아에게, 하나는 블랑카에게, 하나는 롤라에게 그리고 또 하나는 페파*에게 주었다. 아이들이란! 마지막 하나는 모두 만장일치로 웃으며 박수를 치는 가운데 플라테로에게 주었다. 플라테로는 커다란 이빨로 포도알을 덥석 낚아챘다.

XCI

알미란테*

너는 그를 본 적이 없지. 네가 태어나기 전에 사람들이 데려가 버렸으니까. 그에게서 나는 귀족적 품위를 배웠어. 너도 보다시피 아직도 그의 이름표가 그가 썼던 구유 위에 자리하고 있고 그의 안장과 재갈 그리고 고삐까지도 그대로 있단다.

처음에 그가 마당에 들어섰을 때 얼마나 멋졌는지 몰라! 그는 멋진 마도로스 같았어. 그를 보자 나는 저절로 힘이 솟고 생기가 돌며 즐거워졌어. 얼마나 잘 생겼는지! 매일 아침 일찍 나는 그와 함께 아래 강변으로 달려 나가, 먹이를 찾아 문 닫은 방앗간 주위를 배회하는 갈가마귀 떼를 쫓아 버리며 늪지를 달렸단다. 그리고 신작로로 올라서서는 종종걸음으로 단단하고 다부진 말발굽 소리를 내며 누에바 거리로 들어섰어.

어느 겨울 오후에 산 후안 양조장 주인인 뒤퐁 씨가 손에 채찍을 들고 우리 집에 찾아왔어. 그는 거실의 작은 테이블 위에 돈을 조금 올려놓더니 라우로와 함께 마구간으로 갔지. 그리고 나선 해가 뉘엿뉘엿 질 무렵, 마치 꿈결의 장면인 듯, 뒤퐁 씨가 자신의 마차에 알미란테를 묶어 비가 내리는 누에바 거리 위로 올라가는 모습을 창문 너머로 보았단다.

그 후 나는 며칠 동안이나 가슴앓이를 해야만 했어.

급기야는 의사를 불렀고 그는 내게 진정제와 에테르 그리고 또 무엇을 더 주었는지 모르겠다. 모든 것을 지워 버리는 시간이 흐르면서 마치 로드와 소녀를 잊었던 것처럼 마침내 알미란테도 내 머릿속에서 사라져 버렸단다.

그래, 플라테로야! 알미란테가 있었다면 너와 엄청나게 친한 친구가 되었을 텐데!

XCII

계절 삽화

플라테로야, 이제 막 갈아 놓은 어두운 밭에, 나란히 줄을 선 축축하고 부드러운 이랑들 사이로 뿌려진 씨앗에서 또다시 연한 초록 새싹들이 나란히 고개를 내밀고 있고, 이제 제법 짧아진 해는 저물어 가는 순간까지도 감각적인 황금빛 여운을 길게 남기는구나. 추위를 타는 새들은 높은 곳에서 거대한 무리를 지어 남쪽으로 날아가고 있단다. 가벼운 한줄기 바람이 마지막 노란 잎들을 떨어뜨리면서 나뭇가지를 헐벗게 하는구나.

이 계절은 우리에게 영혼을 돌보게 만든단다, 플라테로야. 이제 우리는 다른 친구를 찾아야 해. 가치 있고 엄선된 새 책 말이야. 그리고 책을 열면 모든 들판도 자신을 열어 보여 줄 거야. 텅 빈 들판이야말로 무한하면서도 솔직하고 고독한 사색에 안성맞춤이지.

플라테로야, 이 나무 좀 봐. 불과 한 달도 채 되기 전 어느 날, 초록색 잎들이 두런두런 속삭이며 우리의 낮잠을 지켜 주던 나무야. 이제 홀로 서 있는 작고 메마른 나무가 빠르게 저물어 가는 서글픈 황혼을 배경으로, 듬성듬성 남은 나뭇잎 사이에 앉아 있는 검은 새 한 마리와 대비되고 있구나.

XCIII

비늘

플라테로야, 아세냐 거리에서 보는 모게르는 또 다른 마을이구나. 그곳에서부터 뱃사람들 구역이 시작돼. 사람들 말하는 방식도 다르단다. 뱃사람들 용어를 쓰고 자유롭고 시각적인 이미지를 사용하지. 여자보다 더 잘 차려입은 남자들은 묵직한 회중시계를 늘어뜨리고 좋은 담배와 긴 파이프를 피우고 있단다. 예를 들어, 너도 아는 라포소*처럼 소박하고 검소하고 단순한 사람과, 리베라 거리에 사는 피콘*처럼 ─ 이 사람도 알지? ─ 가무잡잡하고 금발을 한 명랑한 사람과는 얼마나 다르니!

산프란치스코성당 집사의 딸인 그라나디야는 코랄 거리에 살아. 어쩌다 한번 집에 오면 그녀가 유쾌하게 떠드는 소리에 부엌이 다 흔들릴 지경이야. 하녀들은 하나는 후리세타 출신이고 다른 한 명은 몬토리오, 또 다른 하녀는 오르노스 출신인데 모두들 넋을 놓고 그라나디야의 이야기를 듣는단다. 카디스에 대해 이야기하고 또 타리파와 섬에 대해서, 마피아의 담배와 영국 옷감, 비단 양말, 금과 은에 대해서 떠들어 대지. 그리고는 섬세한 검은 천의 망토로 날씬한 몸매를 감싼 채 엉덩이를 흔들고 또각또각 하이힐 소리를 내며 나간단다.

하녀들은 남아서 그녀가 떠벌인 화려한 말들에 대해 이야기해. 나는 몬테마요르가 왼쪽 눈은 손으로 가린 채 태양을 향해 생선 비늘을 비춰 보고 있는 것을 본다. 내가 뭐하는 거냐고 묻자 그는 무지개 아래에서 수놓은 망토를 벌리고 있는 카르멘 성모님이 보인다고 대답하는구나. 선원들의 수호성인인 카르멘 성모님 말이야……. 맞아, 그라나디야가 말한 그대로인걸…….

XCIV

피니토

저런……! 저런……! 저런……! 쯧쯧…… 피니토보다도 더 바보 같은 놈……!

그러고 보니 피니토가 누구였는지 거의 까먹고 있었구나. 그런데 플라테로야, 벌건 모래 담벼락을 뜨겁게, 아니 시뻘겋게 만들어 버리는 부드러운 가을 햇볕을 쬐면서 저 꼬마의 목소리를 들으니 마치 검은 덩굴 포도를 한 짐 지고 언덕을 올라가던 가엾은 피니토가 우리에게 다가오는 듯하구나.

기억 속에 떠올랐다가 다시 사라진다. 이제 거의 기억도 나지 않는구나. 전체적으로 더럽고 못생겼지만 메마르고 까무잡잡하고 날렵한 모습은 어렴풋이 생각난다. 그렇지만 그 모습을 자세히 생각해 내려 하면 마치 이른 새벽의 꿈처럼 사라져 버리고 내가 피니토에 대해 생각하려 했는지조차 까먹어 버려……. 피니토는 어느 비 오는 날 아침, 거의 알몸인 채 아이들의 돌멩이 세례를 받으며 누에바 거리를 도망 다니기도 했고 어느 겨울날 해질녘에는 고개를 숙이고 비틀거리며 오래된 공동묘지 담을 따라 방앗간으로 향했어. 월세도 필요 없는 자신의 동굴인 그곳에는 죽은 개들과 산더미처럼 쌓여 있는 쓰레기 그리고 외지에서 온 거지들이 있었지.

"……피니토보다 더 바보 같아……! 저런 바보 같은 놈……!"

플라테로야, 내가 피니토와 단 둘이서 한 번만 이야기해 볼 수 있다면 뭐든 할 텐데! 카스티요 근처 콜리야스* 모녀의 집에 사는 술주정뱅이 마카리아가 하는 말에 의하면 오래 전 내가 지금 너처럼 어린애였을 때 이미 그 불쌍한 피니토는 죽었다는구나. 그 애는 정말 바보였을까? 도대체 어땠을까?

플라테로야, 내가 피니토에 대해 알기도 전에 그만 죽어 버렸지만, 피니토를 잘 알았던 아줌마의 아들인 저 꼬마의 말로는 내가 피니토보다 더 바보 같다는구나.

XCV

강*

플라테로야, 우리 강물이 탐욕과 방탕이 판치는 광산들 사이로 어떻게 흘러가는지 보렴. 검붉고 누런 진흙 사이의 붉은 강물은 이제 오후의 석양도 비추지 못하는구나. 얄팍해진 강물 위로는 장난감 배들이나 겨우 지나갈 수 있어. 슬픈 일이로구나!

예전에는 포도주를 실은 거대한 배와 지중해의 범선, 쌍돛대를 가진 범선, 삼각돛 배들이 드나들었지. 로보호, 호벤 엘로이사호, 산 카예타노호, 에스트레야호 등등……. 산 카예타노호는 우리 아버지 배였는데 가엾은 킨테로가 지휘했고, 에스트레야호는 우리 삼촌 배인데 피콘이 선장이었어. 이 배들은 성 후안의 하늘에 어지럽게 돛들을 펼쳤고 우람한 주 기둥은 아이들의 탄성을 자아냈지! 이들은 포도주를 잔뜩 싣고 말라가, 카디스, 지브롤터 해협을 누볐어……. 그 배들 사이에서는 작은 거룻배들이 그들의 뱃머리와 수호성인상과 노랑, 초록, 하양, 분홍색 등으로 쓴 이름들을 가지고 파도를 어지럽게 하기도 했단다. 어부들은 정어리, 굴, 장어, 참서대, 게 등을 잡아서 마을로 올라왔지. 리오 틴토 광산의 구리*가 모든 걸 망쳐 놓았어. 플라테로야, 그나마 다행인 것은 부자들이 거들떠보지도 않은 덕분에 가난한 사람들은 물고기를 잡으며 생계를 잇고 있단다. 그러나 삼각돛배, 지중해 범선들, 쌍돛대를 단 범선들은 자취를 감춰 버렸어.

얼마나 비참한 노릇인지! 이젠 하느님도 더 이상 밀물로 물이 가득 드는 것을 보시지 못하는구나! 누더기를 걸치고 굶어 죽은 거지의 가느다란 핏줄기처럼 바짝 마른 강줄기는 붉은 노을처럼 쇠가 녹슨 색깔이구나. 그 핏빛 노을을 배경으로 다 썩어 검게 헐벗은 에스트레야호가 마치 생선 등뼈 같은 배의 용골을 하늘을 향해 드러내 놓고 있고 그 잔해에는 마치 가엾은 내 마음을 휘젓는 근심처럼 병정놀이를 하는 아이들이 뛰놀고 있구나.

XCVI

석류

플라테로야, 석류가 참 예쁘구나! 이 석류는 아게디야가 몽하스 개울가에서 가장 잘 익은 것으로 골라서 보내 준 거야. 과일을 키워 준 물의 신선함에 대해 생각하게 한 과일은 이것밖에 없단다. 이 석류는 굉장히 신선하고 단단해. 같이 먹어 볼까?

플라테로야, 땅에 박힌 뿌리처럼 껍질이 너무 단단하고 질겨서 까기 어렵지만 이렇게 쓰고 마른 것도 난 좋기만 하구나! 이제 껍질에 붙은 석류 알이 루비의 여명처럼 최초의 감미로움을 선사한단다. 플라테로야, 가운데 과육은 싱싱하고 촘촘한 것이 엷은 베일을 두르고 있는데 먹을 수 있는 자수정 알처럼 진귀한 보석들은 마치 어느 미지의 나라, 젊은 여왕의 심장처럼 단단하고 즙도 많아 보인단다. 석류 알이 얼마나 가득 차 있는지 몰라! 자, 먹어 봐. 정말 맛있어! 이 풍성하고 빨간 과육 속으로 푹 빠져든 이빨은 즐겁게 길을 잃어버려! 잠깐, 내가 말을 할 수도 없구나. 만화경의 현란한 색깔의 미로 속에서 눈이 갈 길을 모르고 헤매는 듯한 느낌이 참 좋아. 벌써 다 먹었네!

플라테로야, 이제 석류 열매는 더 없어. 너는 플로레스 거리의 양조장 울타리를 두르고 있는 석류나무를 본 적이 없을 거야. 예전엔 저녁이 되면 그곳으로 가곤 했어. 허물어진 담벼락 사이로는 코랄 거리에 있는 집들 마당이 보였는데 하나같이 매력이 넘쳤어. 그리고 초원도 보이고 강도 보였단다. 순경이 부는 뿔피리 소리와 시에라 산기슭의 대장간 소리도 들려오곤 했지……. 그것은 내가 살았지만 이전까지는 모르고 있던 마을의 새로운 면모를 일상의 시적 경험을 통해 발견한 것이었어. 해가 질 때면 석류나무들은 진귀한 보물처럼 불타오르고 있었고, 그 옆 그늘 속의 우물곁에는 쓰러져 가는 무화과나무에 도마뱀들이 가득했지.

모게르의 문장(紋章)을 수놓은, 모게르의 과일인 석류여! 붉은 석양에 활짝 열린 석류여! 몽하스 과수원, 페랄 협곡, 사바리에고의 석류여, 밤이 이슥해지도록, 마치 나의 마음처럼, 노을 비치는 시냇물이 흐르는 깊은 계곡에 숨어 있는 석류나무여!

XCVII

오래된 묘지

플라테로야, 난 네가 함께 들어와 보기를 원했어. 그래서 일꾼들이 보지 못하도록 너를 여기 짐 나르는 나귀들 틈에 끼워 넣었던 거야. 자, 이젠 조용해졌으니 맘껏 걸어 다녀도 돼.

이리 와 봐, 여기가 산호세 정원이야. 울타리가 쓰러진 저기 녹색 그늘진 구석이 사제들의 묘지란다. 세 시의 흔들리는 태양이 내리쬐는, 석회로 칠한 이쪽 마당은 어린아이들을 위한 공간이야. 좀 더 앞으로 가 봐. 알미란테…… 베니타 양……. 가난한 이들의 구역이란다, 플라테로야.

참새들이 얼마나 부지런히 사이프러스 나무들 사이를 드나드는지 몰라. 저 즐거워하는 모습 좀 보렴! 저기 사루비아 사이에 보이는 후투티 새는 묘지 벽에 난 구멍에 둥지를 틀었네. 이곳 매장꾼들의 아이들이 있네. 여러 색깔의 버터를 빵에 발라 참 맛있게도 먹고 있구나. 플라테로야, 저기 하얀 나비 두 마리가 날아다니네……

새로 만든 정원은…… 잠깐…… 방울 소리 들리니? 이건 세 시에 출발해서 역으로 가는 마차 소리야. 그 소나무들은 풍차 옆에서 옮겨 심은 것들이군……. 루트가르다 부인…… 대위……. 아,

여기 알프레디토 라모스의 장례식*에는 나도 하얀색의 조그만 관을 직접 운구하면서, 어느 봄날 오후, 내 동생과 페페 사엔스 그리고 안토니오 리베라와 함께 참석했었어. 잠깐, 조용히 해 봐! 리오틴토 기차가 다리를 지나는구나……. 더 앞으로 가 봐……. 결핵을 앓았던 가엾은 카르멘이 여기 있구나. 정말 예쁜 소녀였는데……. 햇살에 빛나는 저 장미꽃을 좀 보렴……. 여기엔 그 어린 여자애 묘지가 있구나. 까만 눈동자로 저 수선화를 보지 못했지……. 그리고 여기, 우리 아버지가 누워 계셔…….

플라테로야…….

XCVIII

리피아니

잠시 옆으로 비켜 주렴, 플라테로야, 학교 아이들이 지나가도록 하자꾸나.

오늘은 너도 알다시피 목요일이잖니……. 아이들이 소풍을 왔구나. 리피아니가 아이들을 데리고 어떤 날은 카스테야노 신부님께 가고, 또 어떤 날은 앙구스티아스 다리에 데리고 가고 또 다른 날은 필라에 간단다. 오늘은 리피아니가 기분이 좋은가 보다. 아이들을 에르미타 수도원까지 데리고 왔구나.

나는 리피아니가 종종 너를 사람처럼 멍청하지 않게 교육시킬까 하는 생각이 들었어. 우리 시장님 표현에 따르면, 아이를 나귀처럼 멍청하지 않게 교육시키라는 말의 의미를 너도 알잖니. 그런데 난 네가 굶어 죽을까 봐 걱정이다. 왜냐하면 그 가엾은 리피아니는 우리 모두가 하느님 아래 동등한 형제들이라는 점을 자기 식대로 해석해서, 소풍 오는 아이들에게 꼭 도시락을 반씩 나눠 먹자고 한단다. 이렇게 해서 소풍이 있는 날 오후가 되면 그는 혼자서 열세 명 아이들 점심의 반을 혼자서 먹어 치워.

그래도 아이들은 얼마나 즐거워하는지 몰라! 남루한 옷을 입은 아이들은 마치 10월의 오후, 따갑고 신나는 오후가 내뿜는 에너지를 받은 것처럼 모두가 흥분되고 상기된 얼굴이야. 농장 주인인 보르하가 물려 준 체크무늬 옷을 입은 리피아니는 소나무 아래의 포식을 상상하며 희끗희끗한 턱수염 사이로 싱글벙글한단다……. 이들이 발걸음을 내디딜 때마다 쿵쿵 울리는 대지는 마치 금속들이 부딪치는 것 같고, 바다가 내려다보이는 황금 탑의 우람한 종이 거대한 초록색 땅벌처럼 윙윙대는 소리로 마을 전체를 뒤덮고 있는 것 같기도 해.

XCIX

카스티요 언덕

플라테로야, 오늘 오후의 하늘은 참 아름답구나. 가을 하늘의 금속성 광채가 마치 깨끗이 닦아 놓은 두터운 황금 검 같아. 나는 여기 오는 것이 좋단다. 이 조용한 언덕에서는 해가 지는 것도 잘 보이고 아무도 귀찮게 하지 않을 뿐더러 우리 역시 다른 사람을 신경 쓰지 않아도 되니까 말이야……

흰색과 파란색으로 칠해진 집이 한 채 있긴 하지만 들고추와 쐐기풀로 둘러싸인 토담과 양조장 사이에 있는 그 집에는 아무도 사는 것 같지 않아. 사실 이곳은 콜리야와 그녀의 딸이 밤마다 몸을 파는 장소야. 얼굴이 하얗고 착한 그 여자들은 서로 꼭 닮았는데 늘 검은색 옷을 입고 다닌단다. 이곳은 피니토가 죽은 곳이기도 하지. 그런데 이틀 동안이나 아무도 피니토가 죽은 것을 보지 못했어. 여긴 또 포병대가 와서 대포를 설치했던 곳이야. 그런가하면 너도 본 적이 있듯이 돈 이그나시오는 이곳을 통해 안심하고 밀주를 거래했어. 앙구스티아스에서 온 소들도 이리로 들어왔었어. 때문에 어린아이들은 얼씬도 못했지.

언덕 위의 아치형 다리 사이에 벽돌 화로와 보랏빛 강을 배경으로 붉게 익어 가는 포도밭을 보렴. 고적한 늪지도 봐. 그리고 석양의 지는 해는 마치 전능한 신처럼 자신을 거만하게 드러내 보이면서 모든 것을 절정으로 이끌고는 우엘바 뒤로 보이는 수평선 너머로 가라앉는구나. 온 세상, 즉 모게르와 그 들판, 너, 나 모두의 절대 침묵 속에서.

C

옛 투우장

또다시 순간적인 섬광이 번쩍 지나가듯이, 어느 날 오후 불타버린 옛날 투우장의 모습이 떠오르는구나, 플라테로야. 잘 생각은 안 나네, 불이 난 것이 언제였는지…….

그 내부가 어땠는지는 나도 몰라……. 언젠가 조그맣고 납작한 회색 개들이 검은 소에 받혀서 마치 고무 인형처럼 공중으로 던져지는 것을 본 것 같기도 한데……. 아니면 마놀리토 플로레스가 내게 주었던 초콜릿 포장지에 있던 그림을 기억하는 것인지도 모르지. 키가 큰 진초록색의 풀숲에 둘러싸인 완벽한 원형의 고독……. 내가 아는 것은 단지 겉모습뿐이야. 정확히 말하면 위에서 본 모습, 그러니까 투우 모래판에 내려가 본 것은 아니란 말이지……. 사람은 아무도 없었어……. 그래도 나는 마치 진짜 투우장에 온 것 같은 기분에 들떠서 소나무로 만든 관중석을 따라 돌았어. 마치 포장지의 그림처럼 갈수록 더 높은 곳으로. 그리고 비가 억수로 내리던 해질녘, 나의 영혼에 영원히 각인이 된 거야. 저 멀리 바다 위 어슴푸레 보이는 뿌연 안개 사이로 소나무 능선을 따라 쌀쌀한 폭풍우 구름들이 만든 어둠 속의 멋진 검푸른 풍경이 말이야…….

그게 다야……. 내가 얼마나 오래 거기에 있었는지, 누가 나를 데리고 갔는지, 그게 언제였는지…… 아무런 생각이 안 나고 내게 말해 주는 사람도 없었단다, 플라테로야. 그러나 내가 그것에 대해 말할 때는 모두들 이구동성으로 대답하지.

"그래, 불에 탄 카스티요 투우장 말이지……. 그땐 모게르에도 투우사들이 왔었는데……."

CI

메아리

이곳은 너무나 한적해서 누군가 항상 이곳에 있는 것 같다. 산에서 내려오는 사냥꾼들은 여기 오면 걸음을 더 성큼성큼 걸어서 먼 곳을 보기 위해 흙담 위로 올라간다. 유명한 도적 파랄레스가 이곳으로 지나갈 때 여기서 밤을 보냈다고 말한다. 떠오르는 태양을 배경으로 붉은 바위가 있고 때로는 야밤의 노란 달빛에 길을 잃은 양이 또렷이 보이기도 한다. 8월에만 물이 마르는 목초지의 웅덩이는 노랑, 초록, 분홍빛 하늘을 담아내는데, 가끔은 위쪽에서 아이들이 개구리를 잡는답시고 혹은 물에 요란스러운 소용돌이를 만들겠다고 던지는 돌멩이들 때문에 물길이 막히기도 한다.

……돌아오는 길, 나는 엷은 초승달 아래, 어두컴컴한 초원으로 들어가는 입구를 가로막고 있는 쥐엄나무 옆에서 플라테로를 멈추게 한다. 그리고는 손을 모아 입에 대고 바위를 향해 "플라테로"라고 외쳤다.

근처에 있는 물에 닿아 다소 부드러워진 바위는 메마른 소리로 "플라테로"라고 응답한다.

플라테로는 재빨리 고개를 돌리더니 머리를 곧추세우고 곧 달려 나갈 듯한 기세로 온몸을 떨었다.

"플라테로" 나는 다시 바위에 대고 소리쳤다.

바위는 다시 대답한다. "플라테로"

플라테로는 나를 보고 또 바위를 보고는 입을 들어 올려 산 정상을 향해 끝나지 않을 것 같은 울음소리를 냈다.

바위도 길게 울음소리를 내며 플라테로의 울부짖음과 함께 울음소리를 끝없이 이어갔다.

플라테로는 다시 울었다.

바위도 다시 울었다.

그러자 플라테로는 머리를 박을 듯이 사납게 날뛰면서 나를 버리고 달아나기 시작했다. 내가 쫓아가서 낮은 소리로 겨우 달래고 나서야 차츰 플라테로의 울음소리는 메아리치지 않고 선인장 사이에 머물러 있었다.

CII

놀람

아이들 저녁 식사였어. 눈처럼 하얀 식탁보 위에서 등불은 연분홍 흐린 빛을 내며 졸고 있었고 붉은 제라늄과 색칠한 사과들은 천진난만한 아이들의 목가적인 얼굴을 조급하고 강렬한 기쁨으로 물들이고 있었지. 여자아이들은 마치 여인네들처럼 먹었고 남자아이들은 장정들처럼 논쟁을 하고 있었단다. 안쪽에는 금발의 아름다운 젊은 엄마가 작은 아기에게 하얀 젖을 물리고 있었어. 정원의 창문을 통해선 맑은 밤하늘의 별들이 굉장히 춥게 떨고 있는 모습이 보였어.

갑자기 블랑카가 여린 번개처럼 엄마 품으로 뛰어들었지. 순간 침묵이 흘렀고 의자들이 우당탕 넘어지는 소리에 모두들 법석을 떨며 엄마 뒤에 숨어들어가 놀란 눈으로 창문을 보았어.

바보 같은 플라테로! 자기 하얀 머리를 유리창에 대는 바람에 유리창 너머 그 그림자는 확대되어 커 보이고, 아이들의 두려움으로 더욱 커져 버린 플라테로가 조용히 처량하게, 아늑하게 불이 켜진 집 안을 들여다보고 있었던 거야.

CIII

오래된 샘

늘 푸른 소나무 숲 옆에서도 항상 하얀색, 여명에는 장미색이나 파란색을 내면서도 항상 하얀색, 석양에는 황금색이나 보라색을 띠지만 항상 하얀색, 밤에는 초록색 또는 하늘색이 되지만 항상 하얀색. 플라테로야, 그 오래된 샘 말이야. 넌 내가 그곳에 자주 가서 오랫동안 마치 못이 박힌 듯 혹은 비석이 된 듯 꼼짝 않고 서서 이 세상의 모든 비가(悲歌), 그러니까 진정한 삶의 감정에 몰두하고 있는 모습을 보았을 거야.

그 샘에서 나는 파르테논 신전과 피라미드와 대성당들 모두를 보았어. 분수와 판테온과 회랑이 자신의 아름다움을 내게 영속적으로 드러낼 때마다 그것들과 오래된 샘의 이미지가 비몽사몽간에 교차되었단다.

그 샘에서 나는 어디든 갈 수 있었어. 그리고 모든 세상이 그 샘을 중심으로 돌고 있었지. 그렇게 그 자리를 지키고 있는 샘은 조화로운 소박함을 통해 영속화되고 그 색과 빛은 그토록 완벽하기에 마치 두 손에 물을 떠 올리듯 생명으로 충만한 물줄기 모두를 길어 올릴 수 있단다. 뵈클린*은 샘을 그리면서 고대 그리스를 불러일으켰고, 프라이 루이스*는 그것을 번역했고, 베토벤은 기쁨의 눈물로 샘을 넘치게 했으며, 미켈란젤로는 그 샘을 로댕*에게 주었어.

그 샘은 요람이고 결혼이며 노래이자 시야. 그것은 현실이자 기쁨이고 곧 죽음이란다.

플라테로야, 그 샘이 오늘 밤 저기에 소곤대는 어두움과 하얀 신록 사이 대리석의 맨살처럼 죽어 있구나. 내 영혼에 영원한 물을 솟아나게 하면서 죽어 있단다.

CIV

길

플라테로야, 지난 밤 낙엽이 길에 정말 많이 떨어졌구나! 마치 나무가 한 바퀴 돌아서 땅에 가지를 대고 하늘에 뿌리를 박고 싶은 열망에 거꾸로 섰던 것 같아. 저 검정 버드나무를 보렴. 서커스 곡예사 루시아를 꼭 닮았어. 불타는 듯한 머리칼을 양탄자 위에 흩뿌리면서 회색 망사 스타킹을 신은 예쁘고 날씬한 두 다리를 모아서 들어 올렸어.

플라테로야, 이젠 나뭇가지가 벌거벗었으니 우리가 봄에 초록 잎 사이로 새들을 보듯이 새들은 금빛 나뭇잎 사이로 우리를 볼 거야. 나무 위에서 잎사귀들이 불렀던 그 부드러운 노래는 아래로 떨어지면서 메마른 기도로 변해 버려!

플라테로야, 마른 잎들로 가득 찬 들판이 보이니? 다음 주 일요일, 우리가 이곳으로 돌아올 때면 나뭇잎이 하나도 남아 있지 않을 거야. 그들이 어디에서 죽는지는 나도 모른단다. 봄을 사랑하는 새들은 그 아름답고 은밀한 죽음의 비밀을 나뭇잎들에게 말해 주었을 거야, 너와 나는 결코 알지 못할 그것을……

CV
솔방울

저기 햇살 가득한 누에바 거리로 솔방울을 파는 꼬마 여자애가 오고 있다. 솔방울들을 날 것도 가져오고 구운 것도 지고 온단다. 너와 나를 위해서 구운 솔방울을 한 움큼 사야겠구나, 플라테로야.

11월은 황금빛과 푸른빛이 감도는 나날에 여름과 겨울을 겹쳐놓는구나. 태양은 찌르는 듯하고 혈관은 동그랗고 푸른 거머리처럼 부풀어 오른다……. 깨끗하고 조용한 하얀 거리로 만차 지방에서 온 옷감 장사가 어깨에 회색 옷감 짐을 지고 지나간다. 루세나의 금속 세공사는 노란빛을 가득 싣고 쨍쨍 소리를 내면서 가는데 그때마다 햇빛을 가득 담는구나……. 그리고 광주리 무게에 몸이 구부정해진 채, 아레나에서 온 그 여자애는 천천히 벽에 바짝 붙어 걸으면서 분탄으로 회칠한 벽면에 긴 줄을 그리고 청승맞고 늘어지게 목청을 높인다. "구우운 소올바앙우울 사세유……!"

연인들은 문 앞에서 열정의 미소를 서로 나누며 잘 고른 알맹이를 함께 먹는다. 학교 가는 아이들은 문지방에서 돌멩이로 솔방울을 까고 있다……. 어린 시절 겨울 저녁에 아로요스에 있는 마리아노의 오렌지 밭에 갔던 기억이 나는구나. 우리는 구운 솔방울을 한 보자기 가져갔어. 나는 루비가 박힌 두 눈에 에펠탑이 보이던 물고기 모양의 자개 주머니칼을 가지고 가서 솔방울을 까보는 것이 소원이었지.

구운 솔방울을 입 안으로 넣을 때 그 맛이 얼마나 좋았는지 몰라! 기분까지 좋아지고 기운도 충만해졌지! 솔방울을 먹으면 추운 계절의 태양 아래 영원불변하는 기념비처럼 튼튼해지는 것 같아서 씩씩하게 걷게 되고 두꺼운 겨울옷도 무겁게 느껴지지 않아서, 심지어는 레온*이나 마차꾼인 마르키토와도 팔씨름을 겨루고 싶게 한단다…….

CVI

도망친 황소

플라테로와 함께 오렌지 밭에 도착해 보니 사자의 발톱 같은 하얀 서리가 내려앉은 그 골짜기에는 아직 그늘이 남아 있다. 태양은 반짝거리는 무색의 하늘에 아직 황금빛을 선사하지 않고 있고 떡갈나무 언덕은 하늘을 배경으로 섬세한 능선을 드러내고 있다……. 때때로 부드러우면서도 넓고 긴 여운을 남기는 소리에 나는 눈을 들어 바라본다. 그것은 이상적인 형태의 무리를 지어 올리브나무 숲으로 돌아가는 찌르레기들이다…….

손뼉을 치자 메아리가 돌아온다……. "마누엘!" 하고 불렀으나 아무도 없다……. 그런데 갑자기 거대하고 빠른 소리가 또렷하게 들린다……. 무언가 엄청난 것에 대한 예감에 심장이 두근거린다. 나는 플라테로와 오래된 무화과나무에 숨었다…….

그래, 저기 가는구나. 검은 황소 한 마리가 아침의 무법자가 되어 코를 킁킁대고 씩씩대면서 눈앞의 것들을 기분 내키는 대로 부수며 지나간다. 언덕에 잠시 멈춘 소가 뱉어 낸 짧고 강렬한 탄식이 골짜기를 채우고 하늘을 찌른다. 찌르레기들은 겁도 없이 장밋빛 하늘을 날아다니고 그 소리는 겁먹은 내 심장 박동을 진정시킨다.

　막 모습을 드러낸 태양이 구릿빛으로 물들인 자욱한 먼지 속에서, 황소는 선인장 사이를 지나 우물로 내려간다. 잠시 물을 마신후 들판보다 커 보이는 우리의 챔피언 황소는 포도넝쿨을 뿔에 걸고 늠름하게 언덕을 오르고 산으로 올라간다. 그리고는 결국 호기심 가득한 우리의 시선과 이미 중천에서 빛나는 황금빛 태양 사이로 사라져 버린다.

CVII

11월의 전원시

해질녘 땔감용 잔솔가지를 가뿐히 한 짐 지고 들에서 돌아오는 플라테로는 무성한 초록 가지들 아래 거의 보이지도 않는다. 절도가 있는 그의 종종 걸음은 마치 외줄 타는 서커스 소녀의 그것처럼 섬세하고 장난스럽기도 하다. 겉으로 보기에 그는 걷는 것 같지 않다. 귀를 쫑긋 세운 그 모습은 마치 자기 집을 이고 있는 달팽이 같다고 할까…….

태양과 검은 방울새, 바람, 달, 까마귀들을 — 세상에! 이것들이 모두 가지에 있었다니 엄청나지, 플라테로야! — 품고 있던 초록 나뭇가지들은 가엾게도 황혼 녘 메마른 오솔길의 하얀 먼지 위로 툭 떨어진다.

싸늘한 자줏빛의 부드러운 기운이 후광처럼 드리워져 있다. 동짓달로 넘어가는 들판에서 짐을 진 나귀의 여린 겸손함이 작년 이맘때와 마찬가지로 신성해 보이기 시작한다…….

CVIII

하얀 암말

플라테로야, 나는 너무 슬퍼…… 플로레스 거리를 지나서, 번개를 맞아 어린 쌍둥이들이 죽었던 곳과 똑같은 장소인 포르타다에 귀머거리 영감의 하얀 암말이 죽어 있구나. 거의 벌거벗다시피 한 조그만 계집아이들이 말없이 그 말을 에워싸고 있어.

그곳을 지나가던 재단사 푸리타는 귀머거리 영감이 그 말을 먹여 살리기 어려워 오늘 아침에 그 말을 내쫓아 버렸다고 하는구나. 너도 알다시피 그 말은 훌리안 영감처럼 늙었고 굼뜨기만 했어. 그 가엾은 것은 보지도 듣지도 못하고 심지어 걷지도 못했단다……. 그런데 정오쯤에 그 말이 주인집 문 앞에 다시 나타난 거야. 화가 난 주인은 몽둥이를 휘두르며 말을 내쫓으려 했대. 그래도 말은 떠나려 하지 않았지. 그러자 주인은 말을 낫으로 찔러 버렸어. 사람들이 몰려왔고 저주와 야유 속에서 말은 절룩거리고 비틀거리며 윗길로 올라갔단다. 어린애들은 돌을 던지고 고함을 치면서 그 말을 따라갔지. 마침내 말은 땅에 쓰러지고 아이들이 기어코 숨을 끊어 놓았다는구나. 말을 동정하는 소리도 있었어. 너와 내가 그곳에 있었더라면 "그 말이 평화롭게 죽도록 내버려 둬!"

라고 외쳤겠지. 그러나 그 외침은 마치 거친 폭풍우 속의 한 마리 나비에 지나지 않았을 거야.

내가 그 말을 보았을 때 아직도 돌멩이들이 말 주위에 흩어져 있었고 그 불쌍한 것은 돌무더기만큼이나 싸늘하게 식어 있더구나. 살았을 때는 멀었던 눈을 크게 뜬 채 마치 죽어서 우리를 보고 있는 것 같았어. 그 하얀 자위는 광채가 되어 유일하게 어두운 길을 비추고 추위로 높아진 저녁 하늘은 장밋빛 구름에 덮여 흐려져 가고 있었지.

CIX

첫날밤

플라테로야, 정말 아주 좋았어. 흰색과 분홍색 옷을 입은 카밀라 아줌마는 종이와 지휘봉을 가지고 새끼 돼지에게 설교를 하고 있었지. 신랑인 사타나스는 한 손에 빈 포도주 자루를 들고 다른 손으로는 신부의 호주머니에서 슬쩍 돈주머니를 꺼내고 있었어. 병아리란 별명을 가진 페페와 심부름꾼이라 불리는 콘차도 나타난 것 같던데 이 여자는 전에 우리 집에서 안 입는 옷을 꽤 가져갔었지. 앞에는 신부님 복장을 한 사진사 페피토가 검은 나귀 고삐를 잡고 갔어. 그 뒤로는 온 동네에서 몰려나온 아이들이 깡통과 냄비, 사발, 주전자를 리드미컬하게 두들겨 대면서 보름달이 훤하게 비추는 거리를 지나갔단다.

너도 알다시피 카밀라 아줌마는 예순의 나이에 남편이 세 명이나 먼저 저 세상으로 갔고 사타나스 역시 홀아비로, 딱 한 번 결혼한 적이 있는데 그간 일흔 번의 포도 수확을 보셨으니 춘추가 일흔이셔. 오늘 밤 문 닫은 집의 창문 너머로 들려오는 새신랑과 신부의 사랑 이야기를 듣고 말하느라 난리법석일 거야!

이런 첫날밤 행사는 3일이나 계속된단다. 그런 후에 여자들은 아직 사람들이 술에 취해 춤을 추고 있고 조명이 켜져 있는 마을 광장의 제대(祭臺)에서 자기 물건들을 챙겨서 집으로 돌아가. 그래도 아이들 떠드는 소리는 며칠 밤 더 갈 거야. 그리고는 마침내 보름달과 사랑 이야기만 남게 되겠지……

CX

집시들

플라테로야, 저 여자 좀 봐. 구릿빛 태양이 내리쬐는데 외투도 걸치지 않은 채 저 한길 아래에서 허리를 꼿꼿이 세우고 누구에게 도 눈길을 주지 않으며 걸어오고 있구나. 미모야 이제 한물갔지만 떡갈나무처럼 당당하게 한 겨울에 노랑 숄을 두르고 흰 물방울무 늬에 주름이 잡혀 있는 파란색 치마를 입고 있는 모습이라니! 항 상 그랬듯이 공동묘지 뒤에 야영을 할 수 있는 허가를 받으러 면 사무소로 가는 길이란다. 플라테로야, 너는 기억날 거야. 집시들의 우중충한 천막과 그 주변의 음식 아궁이들, 잘 빼입은 여인네들 그리고 죽음을 질겅질겅 씹으며 죽어 가는 나귀들 말이야.

그러고 보니, 플라테로야! 나귀들! 프리세타 가족의 나귀들은 저 아래 울타리 안에서 집시들이 온 것을 느끼며 떨고 있겠구나. —그래도 나는 플라테로에 대해선 안심이다. 왜냐하면 플라테로 의 마구간까지 오려면 집시들은 마을의 반 이상을 가로질러야 할 테고, 농장지기인 렝헬은 플라테로를 사랑하고 플라테로 역시 렝 헬을 사랑하기 때문이다. —그러나 나는 짐짓 플라테로에게 겁을 주어 놀려 먹으려고 목소리를 깔고 말한다.

"어서 안으로 들어가, 플라테로야. 사립문을 얼른 닫아야지. 그들이 널 데려가면 어쩌니."

집시들이 자기를 훔쳐 가지 않을 걸 이미 아는 플라테로는 타박타박 걸어서 안으로 들어가는데, 뒤에서 쇳소리와 유리창 소리가 나며 문이 철커덕 닫히자 대리석의 정원에서 꽃밭으로, 또 꽃밭에서 마당으로 마치 화살처럼 재빨리 이리저리 날뛰다가 결국에는 눈 깜짝할 사이에 "맙소사" 메꽃 덩굴을 망쳐 버리고 마는구나.

CXI

불길

이리 와 봐, 플라테로야, 더 가까이 와……. 여기서는 예의를 차릴 필요 없어. 관리인 아저씨는 네가 곁에 있는 것을 좋아하셔. 너의 팬 가운데 한 사람이거든. 너도 알다시피 아저씨의 개, 알리도 너를 좋아하는 걸 알고 있잖아. 그리고 나야 두말할 나위가 없지……. 오렌지 밭은 얼마나 추울까! 벌써 라포소가 하는 말이 들리는구나. "오 하느님, 오늘 밤 오렌지들이 얼어 죽지 말아야 할텐디유!"

너는 불을 안 좋아하니, 플라테로야? 내 생각에는 그 어떤 여성의 벗은 몸도 불길과 비교할 수는 없어. 이글거리는 그 어떤 머리와 팔과 다리인들 벌거벗은 이 맹렬한 불길과 비교할 수 있을까? 아마도 불길보다 더 자연의 속성을 잘 보여 주는 것은 없을 거야. 집은 문이 잠겼고 밖은 적막한 밤이다. 그러나 플라테로야, 이렇게 대지를 향해 열려 있는 창문에 서 있다 보니 들판에 있는 것보다도 더 자연과 가까이 있는 것 같아! 불은 집 안에 있는 우주란다. 몸에 난 상처의 피처럼 시뻘겋게 영원히 우리를 따뜻하게 하고 원기를 주면서 피 안에 저장된 모든 기억을 끄집어내 준다.

플라테로야, 불은 얼마나 아름다운지 몰라! 알리가 거의 몸이 탈 정도로 가까이에서 눈을 크게 뜨고 뚫어지게 불길을 들여다보고 있는 모습을 좀 보렴. 정말 즐겁구나! 우리는 황금색과 어둠이 춤추는 무도회에 둘러싸여 있구나. 집 전체가 춤을 추고 있어. 러시아인들이 놀이를 하듯 모든 사물들이 커졌다 작아졌다 하는구나. 온갖 형상들이 불길에서 생겨나 변화무쌍한 마술을 부리고 있어. 나뭇가지와 새, 사자와 물, 산과 장미 등등. 우리 자신도 뜻하지 않게 벽과 바닥과 천장에서 춤을 춘단다.

얼마나 정신이 없는지……. 또 얼마나 황홀한지……. 아, 환희의 순간! 플라테로야, 사랑조차도 여기서는 죽음으로 보이는구나.

CXII

회복기

부드러운 양탄자가 깔려 있고 벽걸이 융단이 걸려 있는 회복실의 은은한 불빛을 통해 나는 들판에서 돌아오는 작은 나귀들과 떠들썩하게 노는 아이들이 밤거리를 지나가는 소리를 마치 별이 가득한 꿈결처럼 듣는다.

나귀들의 검은 머리통과 아이들의 조그만 머리들이 어렴풋이 보이고 나귀들의 울음 사이로는 아이들의 크리스마스 캐럴 소리가 은쟁반에 옥구슬이 구르는 듯 들린다. 온 동네가 군밤 냄새와 마구간의 온기와 평화로운 가정의 식구들 숨소리로 가득 차 있는 듯하다.

마치 천상의 급류가 내 마음속 그늘의 바위에서 솟구쳐 나오듯 영혼이 정화되어 흘러넘친다. 인류 구원의 밤이여! 따뜻하면서도 춥고 미지근한 시간, 무한한 깨우침으로 가득한 시간!

사방에서는 별들 사이로 종이 울리고 있다. 여기에 전염된 플라테로도 자기 마구간에서 울어 대는데, 하늘이 가까워진 이 순간에 그는 굉장히 멀리 있는 것 같구나……. 나는 마치 파우스트처럼 감동에 젖어 심약하고 고독하게 눈물을 떨군다.

CXIII

늙은 나귀

······마침내, 걷는 것에 지쳐
발걸음을 뗄 때마다 휘청거리는구나······.
(알카이데 데 벨레스의 잿빛 조랑말)
—『총가요집』

플라테로야, 도저히 그냥 갈 수가 없구나. 누가 저 불쌍한 것을
안내자도 보호자도 없이 버려두었을까?

아마도 도살장에서 도망쳐 나온 게 분명해. 내가 보기에 그는
듣지도 못하고 보지도 못하는 것 같아. 오늘 아침 저기 똑같은 담
장에서 하얀 뭉게구름 아래 나귀는 삐쩍 마른 비참한 몰골을 드
러내 놓고 있고, 겨울 한낮의 경이로운 아름다움과는 거리가 멀
게, 작열하는 태양 아래 둥둥 떠다니는 섬처럼 파리들이 꼬여 있
어. 그는 방향감각 없이 매 걸음마다 다리를 절며 천천히 빙빙 돌
면서 제자리로 돌아오는구나. 결국 하는 일이라고는 방향을 바꾸
는 것뿐이야. 오전에는 해 지는 쪽을 보고 있더니 지금은 해 뜨는
쪽을 보고 있어.

플라테로야 늙는다는 것은 무엇일까? 봄이 다가오고 있는데 저 불쌍한 친구는 자유로운 몸인데도 갈 곳이 없구나. 아니면 혹시 베케르*의 표현대로 이미 죽은 몸인데도 두 다리로 걸어 다니고 있는 것은 아닐까? 어린이들은 황혼 녘 하늘을 배경으로 그의 뚜렷한 윤곽을 그릴 수 있을 거야.

너도 보다시피…… 내가 그를 밀어 보려 하지만 꼼짝도 하지 않아. 부르는 소리에도 반응이 없단다……. 마치 그의 깊은 고뇌가 그를 땅에 박아 놓은 것 같아.

플라테로야, 그는 이 높은 담장 아래에서 당장 오늘 밤 북풍한설에 얼어 죽을지도 몰라. 그러니 어떻게 내버려 두고 갈 수 있니? 어떻게 해야 할지 모르겠구나, 플라테로야.

CXIV

동틀 녘

느릿느릿한 겨울 새벽녘, 예민한 수탉들이 첫 새벽에 피어나는 장미를 보고 우아하게 인사를 건넬 때 플라테로는 실컷 자고 일어나 늘어지게 울어 댄다. 침실 창살 사이로 새벽빛이 새어 들어올 때 멀리서 잠을 깨워 주는 나귀 소리는 얼마나 달콤한지! 또다른 하루를 기다리는 나 역시 푹신한 침대에 파묻혀 날이 밝은 후의 쨍쨍한 햇살을 고대한다.

문득 가엾은 플라테로의 운명에 대해 생각하게 된다. 만일 그가 시인인 내게 오지 않고 밤중에도 남의 소나무를 도벌하러 깜깜하고 외롭고 고된 길을 강요하는 석탄 장수에게 넘어갔더라면, 혹은 당나귀들에게 화장을 시키고 비소를 먹이며 귀를 빳빳이 세우게 하려고 핀을 박는 집시들 손으로 들어갔더라면 어떻게 됐을까.

플라테로가 다시 긴 울음 소리를 낸다. 내가 자기를 생각하는 것을 알까? 하긴 무슨 상관이람! 부드러운 새벽녘에 플라테로를 생각하는 것만으로도 새벽 자체만큼이나 즐거움인걸. 그리고 감사하게도 플라테로는 아기의 따스한 요람처럼 부드럽고 나의 생각처럼 다정한 자기의 잠자리가 있으니.

CXV

작은 꽃들

우리 어머니께

어머니는 마마 테레사*가 돌아가실 때 꽃들에 대한 망상이 있었다고 말씀하셔. 플라테로야, 당시 어린 소년이었던 내 꿈속에 등장했던 다양한 색깔의 별들이 어떻게 연관되는지는 모르겠지만, 나는 그 말씀이 기억날 때마다 외할머니의 망상 속의 꽃들이 분홍색, 파랑색, 보라색 마편초들이었을 거라고 생각해.

할머니는 언제나 마당 덧문 색유리를 통해서 밖을 보고 계셨어. 내가 그곳으로 뭐가 보이나 봤더니 파란 보름달, 하늘색 화분, 하얀 화단 돌 위로 삐딱하게 기운 태양이 보였지. 그리고 할머니의 그 모습은 8월의 시에스타* 시간에 내리쬐던 뜨거운 태양 아래에서나 9월의 폭풍우 속에서나 고개 한번 돌리지 않고 항상 같은 자세였어. 때문에 나는 할머니가 어떠셨는지 기억도 나지 않아.

플라테로야, 어머니 말씀으로는 할머니가 망상 증세로, 보이지 않는 정원사를 불러 대곤 하셨대. 그가 누구든 간에 할머니를 모시고 마편초 꽃이 감미롭게 피어 있는 오솔길로 모시고 갔을 거야. 내 기억에 할머니는 그 길에서 나를 돌아 보셨는데 그 느낌이 정말 따스하게 남아 있단다. 과수원에 떨어진 보라색 헬리오트로프와 어린 시절 나의 밤하늘에서 명멸한 덧없는 별빛의 자매들인 조그만 꽃송이들이 가득 수놓아진 할머니의 고운 비단 사이에 있는 것처럼, 설사 그 기억이 모두 내 마음이 지어 낸 것이라 해도.

CXVI

성탄절

들판엔 모닥불이 피어올랐다…… 성탄절 오후, 파란색 대신 잿빛을 띠고 구름도 보이지 않는 하늘에, 흐릿하고 약한 태양이 뭐라 정의할 수 없는 희미한 누런빛을 남기고 서녘으로 넘어가고 있다…… 불붙기 시작한 초록색 가지에서 갑자기 날카롭게 탁탁 튀는 소리가 들리고 곧이어 빽빽한 연기가 흰 담비처럼 하얗게 피어오른다. 급기야 불길은 순수하고 현란한 혓바닥을 날름거리며 연기를 깨끗이 삼켜 버리고 대기를 가득 채운다.

오! 바람에 휘날리는 불꽃이여! 분홍색, 노란색, 보라색, 파란색 정령들이 낮게 드리운 신비한 하늘을 뚫고 어딘가로 사라진다. 그 뜨거운 향기는 한기 속에 남겨져 있다. 아직 미적지근한 12월의 들판이여! 사랑이 가득한 겨울이여! 행복한 사람들의 성탄 전야여!

근처의 시스츠스 꽃들이 녹아내린다. 뜨거운 공기를 통해 보는 풍경은 마치 방랑하는 수정처럼 떨림 속에 스스로 정화된다. 그리고 성탄 구유를 꾸미지 못한 문지기네 아이들이 처량하고 서럽게 모닥불 주위에 모여들어 꽁꽁 언 손을 녹이며 도토리와 알밤을 불구덩이에 던져 넣으면 그것들은 마치 총알처럼 터지며 튀어 오른다.

이내 아이들은 즐거워하고, 밤이 되며 더 붉어진 불 위로 뛰며 노래 부른다.

"……마리아님 오셨네, 요셉님 오셨네……."

나는 플라테로를 데리고 가서 같이 놀라고 아이들에게 맡긴다.

CXVII

리베라 거리

플라테로야, 지금은 민병대 본부가 된 여기 이 큰 집에서 내가 태어났단다. 내가 어렸을 때 이 집을 얼마나 좋아했는지 몰라! 건축의 대가인 가르피아*의 무데하르 양식인 이 조그만 발코니는 색유리로 만든 별 장식이 있어 당시 내게 너무나 멋져 보였지! 현관 창살을 한번 봐, 플라테로야. 하얀색과 연보라색의 라일락과 파란 나팔꽃은 어린 시절의 추억이 깃든 정원 구석에서 세월의 풍파 탓에 거무스름해진 나무 창살에 매달려 자태를 뽐내고 있구나.

플라테로야, 여기 플로레스 거리의 모퉁이에 오후가 되면 10월의 들판인 양 가지각색의 파란색 제복을 입은 뱃사람들이 몰려들었어. 내 어린 눈에 그들은 거인처럼 보였단다. 그 사람들은 바다의 습관대로 다리를 쩍 벌리고 서 있었는데 그 사이로 나는 강물과 늪지가 나란히 보이는 강을 내려다보았어. 넘실대는 물결은 반짝거리고, 메마른 늪지는 황토색이었지. 강의 또 다른 매혹적인 물줄기로는 조그만 배 한 척이 느릿느릿 다니고 있었고 석양이 지는 하늘에는 자주색으로 물든 자국들이 떠다니고 있었단다……. 그 후 우리 아버지는 누에바 거리로 이사를 가 버리셨어. 왜냐하면

뱃사람들은 항상 칼을 들고 다녔고 개구쟁이 꼬마들은 매일 밤마다 현관의 등과 종을 깨뜨렸거든. 게다가 이 골목에는 언제나 바람이 세차게 불었어…….

망루에 올라가면 바다가 보여. 어느 날 밤, 겁이 나 떨면서도, 호기심에 가득 찬 꼬마들이 바다에서 불타고 있던 영국 배를 보기 위해 우르르 거기 올라갔던 기억을 난 절대 잊지 못할 거야…….

CXVIII

겨울

하느님은 유리 궁전에 계신단다, 플라테로야. 무슨 말이냐 하면 비가 오고 있다는 말이야. 비가 내린다. 앙상해진 가지에 가을이 고집스레 남겨 놓은 마지막 꽃잎들은 저마다 다이아몬드를 품고 있어. 다이아몬드 방울방울마다 하늘과 유리 궁전과 하느님이 계신단다. 이 장미를 보렴. 물로 된 다른 장미를 품고 있구나. 보고 있니? 장미꽃을 흔드니 영롱한 새 꽃잎이 마치 그 영혼인 양 떨어져 버리고 꽃은 그만 내 영혼처럼 시들어 처량해지는구나. 물은 태양처럼 즐거운 것임에 틀림없어. 한번 봐, 만일 그렇지 않다면 어떻게 아이들이 빗속에서 다리를 내놓고 저리 씩씩하고 신나게 뛰어 다니겠니. 그리고 너를 돌보아 주시는 다르봉 선생님 말씀대로 참새 떼들이 느닷없이 소란을 떨면서 학교 담쟁이덩굴로 들어가는 것도 좀 보렴.

비가 온다. 오늘은 나가지 말자. 사색하는 날로 삼아 버리면 되지. 물방울이 지붕 낙수 홈통으로 어떻게 흘러드는지 봐. 그리고 이미 거무튀튀해졌지만 아직 누런색이 남아 있는 아카시아 나무가 얼마나 깨끗해지는지 봐. 또 아이들이 만든 조각배가 어제는 수초에 가로막혀 멈추었지만 오늘 새로이 항해해 나가는 모습을 좀 보렴. 저것 좀 봐, 반짝 솟아나는 햇살이 내리쬘 때 교회당에서 나와 우리 쪽으로 와서 희미한 광택 속에 사라지는 무지개가 얼마나 아름다운지.

CXIX

암나귀 젖

12월의 조용한 아침, 사람들은 종종 걸음을 치면서 기침을 한다. 바람은 마을 저편 미사 종소리를 뒤집어 놓는다. 일곱 시에 떠나는 마차는 텅 빈 채 지나간다……. 나는 창문 쇠창살이 흔들리는 소리에 다시 잠이 깬다. 그 장님이 매년 그랬듯이 자기 암나귀를 창살에 묶어 놓은 것일까?

우유 파는 여인네들이 추위 속에서 양철통을 허리춤에 차고 하얀 보약을 사라고 외치며 분주히 오르락내리락 뛰어다닌다. 장님이 자기 암나귀에서 짜 낸 이 우유는 감기 걸린 사람들에게 특효가 있다.

당연한 말이지만 장님은 앞이 안 보이기 때문에 자신의 암나귀가 시시각각 더 쇠약해지는 애절한 광경을 보지 못한다. 어떻게 보면 그 암나귀의 몸 전체가 자기 주인의 먼 눈 같기도 하다. 어느 날 오후 플라테로와 내가 아니마스 계곡을 지나다가 장님이 그 가엾은 나귀에게 사정없이 몽둥이찜질을 하는 것을 보았다. 불쌍한 암나귀는 풀밭으로 달려가 젖은 풀밭에 거의 주저앉아 버렸다. 몽둥이는 오렌지나무를 내려치고, 우물을 내리치고, 허공을 가르기도 했는데 그래도 주인의 저주보다는 약한 것이었다. 만일 그 저주가 눈에 보이는 물건이었다면 아마도 카스티요의 망루도 허물어 버렸을 것이다. 또다시 태양이 뜨는 모습을 보기 싫었던 늙고 가엾은 암나귀는 마치 오난*이 그랬던 것처럼 어떤 팔자 좋은 수나귀의 선물을 비옥하지 않은 땅에 뿌려버림으로써 운명에 대항했다. 그렇지 않아도 곤궁한 삶에서 동전 한 닢에, 혹은 외상으로 암나귀의 젖을 팔아 생계를 잇는 장님은 자기 돈줄인 암나귀가 다시 정신을 차리고 일어나기를 바랐다.

암나귀는 그렇게 또 한해 겨울을 나고 있다. 늙은 흡연자들, 결핵환자들, 술주정뱅이들의 비참한 보약 노릇을 하며 자신의 비참함을 쇠창살에 긁어 대면서.

CXX

순수한 밤

하얀 지붕 꼭대기가 별들이 뿌려진 채 얼어붙은, 명랑하고 파란 하늘을 배경으로 메마른 윤곽을 드러낸다. 말없는 북쪽의 칼바람이 예리하게 얼굴을 스친다.

모두들 춥다고 느끼며 문을 걸어 잠그고 집 안 깊숙이 몸을 움츠린다. 그러나 플라테로야, 너와 나는 천천히 걷자꾸나. 넌 털가죽에 내 모포를 걸치고, 나는 내 영혼과 함께, 순결하고 고독한 이 마을을 가로지르자.

마치 은으로 만든 왕관을 쓴 거친 석탑이라도 된 양 놀라운 내면의 힘이 내게 솟구치고 있단다! 별이 쏟아지고 있구나! 얼마나 별이 많은지 어지러울 지경이야. 하늘은, 이상적인 사랑의 열렬한 묵주기도를 이 땅에 드리고 있는 아이들의 세상이라고 할 수 있을 거야.

플라테로야, 플라테로야! 난 이토록 고독하고 맑고 상쾌한 1월 한밤의 순수성을 위해서라면 내 인생 모두를 바칠 수 있을 것 같아. 너 역시 그러기를 바랄거야.

CXXI

미나리 왕관

누가 먼저 오나 보자!

상품은 전날 밤 비엔나에서 내게 부쳐 온 판화집이었다.

"오랑캐꽃이 피어 있는 데까지 누가 빨리 오는지 보는 거야! 하나…… 둘…… 셋!"

햇볕이 쨍쨍 내리쬐는 가운데 흰색과 분홍색 옷의 여자아이들이 떠들썩하게 웃으며 달려 나갔다. 순간, 아이들이 소리 없이 안간힘을 쓰며 열어 놓은 아침의 침묵 속에서 시간을 알려 주는 마을 종탑의 느린 소리, 파란 나리꽃이 만발한 소나무 언덕에서 모기 한 마리가 윙윙대는 소리, 개울물이 졸졸 흐르는 소리가 들렸다. 여자애들이 첫 번째 오렌지 나무에 도달했을 때 거기서 게으름을 피우던 플라테로는 뜀박질 놀이에 전염되어서 여자아이들 틈에 끼어 냅다 뛰기 시작했다. 그 아이들은 뒤처지지 않으려고 따질 시간도, 심지어 웃을 여유도 없었다.

나는 "플라테로, 이겨라", "플라테로, 이겨라"라고 소리치며 응원했다.

아니나 다를까! 플라테로가 오랑캐꽃밭에 제일 먼저 도착해 멈추더니 뒷발로 모래를 파헤쳤다.

여자아이들은 숨을 헐떡이며 항의했고, 흐트러진 옷매무시를 고치면서 외쳤다. "이건 무효예요!", "무효라고요!", "말도 안 돼!", "이건 아니야!"

나는 아이들에게 시합에서 플라테로가 이긴 것이 분명하므로 어떤 식으로든 플라테로에게 상을 주는 것이 공정하다고 말했다. 다행히 플라테로는 글을 못 읽어 책이 필요 없으니 그건 다시 한 번 시합을 해서 이긴 사람에게 주고, 플라테로에게는 다른 상을 주자고 했다. 책을 탐내는 아이들은 안심하고는 펄쩍펄쩍 뛰면서 웃었다. "그래요!", "맞아요!", "좋아요!"

내 경험에 비추어 볼 때, 나는 플라테로에게 노력한 만큼 좋은 상을 주어야 한다고 생각했다. 내가 나의 시를 통해 보상받듯이. 나는 부엌 서랍에서 미나리를 조금 꺼내 왕관을 만든 다음 그의 머리에 씌워 주었다. 그것은 일찍이 스파르타인에게 주어진 것처럼, 비록 덧없긴 하지만 최고로 영예로운 왕관이었다.

CXXII

동방박사

플라테로야, 아이들은 오늘 밤 얼마나 설렜을까! 그 아이들을 재우는 건 불가능했어. 그러나 결국은 쏟아지는 잠이 그들을 굴복시켰지. 한 아이는 안락의자에서 다른 아이는 벽난로 옆 바닥에서, 블랑카는 낮은 의자에서, 페페는 창문가 벤치에서 머리를 문고리에 기대고 잠이 들었단다. 동방박사*한테 어떻게 들어오라는 건지 모르겠네…… 누가 업어 가도 모르게 깊이 잠든 지금, 생생하고 환상적인 아이들의 꿈 세계가 마치 튼튼하고 건강한 심장 박동처럼 생생히 느껴지는구나.

저녁을 먹기 전에 나는 아이들을 모두 데리고 옥상으로 올라갔어. 다른 때에는 그토록 무서워하던 계단에서 얼마나 소란을 떠는지! 블랑카는 내 손을 꼬옥 잡으며 "페페, 나는 이제 유리 지붕이 하나도 무섭지 않아. 페페는 어때?"라고 묻더군. 우리는 발코니 위에 레몬과 함께 아이들 신발들을 나란히 놓았어. 플라데로야, 이제 몬테마요르, 티타, 마리아 테레사, 롤리야, 페리코 그리고 너와 나는 침대보와 오래된 모자를 뒤집어쓰고 변장을 해야지. 그리고 열두 시가 되면 변장을 한 채 등불을 들고 저 끝 방에 있는 사발을 두드리고 트럼펫과 소라 고동을 불어 대며 아이들 창문 밑을 지나가야지. 네가 내 앞으로 가렴. 나는 가스파르가 되어서 하얀 천 쪼가리로 만든 수염을 달고 가야지. 넌 내가 영사 삼촌 집에서 가져온 콜롬비아 국기를 앞치마처럼 두르고 가……. 아이들은 놀란 눈으로 바로 깰 테지만 아직 잠에 취한 채 잠옷 차림으로 떨면서도 호기심에 못 이겨 창문가에 나타날 거야. 그리고 새벽 내내, 그리고 아침까지도 꿈나라에서 우리를 만나다가 쪽문을 통해 파란 하늘이 비칠 때에야 옷을 걸치는 둥 마는 둥 하면서 발코니로 가서 선물을 집어 들겠지.

작년에는 참 많이도 웃었어. 플라테로, 나의 낙타님, 아마 오늘밤도 아주 재미있을 거야.

CXXIII

몬스우리움*

오늘날 몬토리오라고 불리는 곳. 붉은 언덕들이 있으며 모래 상인들의 채굴로 인해 갈수록 황폐하게 변하고 있는 곳, 그러나 바다에서 보면 마치 황금의 산으로 보여서 로마인들은 이렇게 찬란하고 고귀한 이름을 붙여 주었다. 그곳을 통하면 공동묘지를 통하는 것보다 풍차가 있는 곳에 더 빨리 갈 수 있다. 여기 저기 폐허가 보이고 모래 상인들은 포도밭까지 파헤쳐 유골, 동전 그리고 항아리들을 가져갔다.

플라테로야, 콜럼버스가 내게 해 준 건 별로 없는 것 같아. 그가 우리 집 땅을 밟았고 산타클라라 성당에서 영성체를 했고, 이 야자수는 그때에 있던 것이고 또 다른 곳은 그가 머물렀던 곳이라는 둥 많은 이야기들을 하지…… 여기서 멀지 않은 곳에 있어. 콜럼버스가 아메리카에서 우리에게 가져온 두 가지 선물*이 무엇인지 너도 알거야. 마치 굳건한 뿌리처럼 내 깊은 곳에 있다고 느끼는 것은 바로 로마인들이야. 그들이 만든 콘크리트 성에는 퇴락한 홈집이나 무너진 곳도 없고 꼭대기엔 황새 모양의 풍향계 한 개를 꽂는 것조차 불가능했단다.

나는 내가 어렸을 때 몬스우리움이라는 이름을 처음 알았을 때의 뿌듯했던 마음을 잊을 수가 없어. 몬토리오가 갑자기 고상해지는 듯한 느낌이 들었고 앞으로도 그럴 거야. 가장 좋았던 것에 대한 추억은, 가난한 내 고향의 그토록 슬픈 기억조차도 그리워하게 만드는 마력이 있어. 내가 더 이상 부러울 게 뭐가 있겠어? 성당이나 성의 유적이 아무리 오래되었다 한들 석양을 바라보며 생각에 잠겼던 나의 긴 사색을 어찌 멈출 수 있겠니? 문득 내가 영원히 꺼지지 않는 보물을 만난 느낌이야. 모게르, 황금의 산, 플라테로⋯⋯. 너는 자부심을 갖고 살다 죽을 수 있을 거야.

CXXIV

포도주

플라테로야, 네게 모게르의 영혼은 빵이라고 말한 적이 있지. 그런데 아니야. 모게르는 일 년 내내 동그랗고 파란 하늘 아래 황금색 포도주를 기다리는 두텁고 투명한 둥근 유리잔 같아. 9월이 찾아와 악마가 축제를 훼방 놓지만 않는다면 이 잔은 포도주로 가득 차 너그러운 마음처럼 항상 흘러넘치고 있지.

그때가 되면 온 마을에 그윽한 포도주 향내가 넘치고 여기저기서 포도주 잔 부딪히는 소리가 난단다. 그것은 마치 태양이, 하얀 마을의 투명한 구석구석까지 스며드는 기쁨을 위해, 그리고 자신의 좋은 피에 생기를 돋우기 위해 스스로를 액체의 아름다움으로 헐값에 봉헌한 것 같아. 거리마다 모든 집들이 석양의 햇살이 비추는 후아니토 미겔이나 레알리스타의 술 창고 선반에 놓인 포도주 병처럼 보인다.

터너*의 「게으름의 샘」에서 온통 노란 레몬색 바탕에 새로 수확한 포도주가 그려져 있던 것이 생각나. 포도주의 산지인 모게르 역시 자신의 쓰린 상처에 찬란한 슬픔의 샘처럼 끊임없이 피가 흐르고, 이것은 마치 매년 봄 4월의 태양처럼 떠오르지만 매일 다시 지고 만단다.

CXXV

우화

플라테로야, 나는 어렸을 때부터 교회, 민병대, 투우사 그리고 아코디언을 싫어했듯이 본능적으로 우화를 무서워했단다. 우화 작가의 입을 빌려 말도 안 되는 소리를 억지로 해야 하는 불쌍한 동물들이 마치 자연사 교실에 늘어선 역겨운 유리 선반의 침묵만큼이나 싫었어. 코가 맹맹하고 구두쇠에다가 호색한인 그들이 내뱉는 말 한마디 한마디가 내게는 유리로 박아 넣은 눈이나 철사로 조립한 날개 그리고 가짜 나뭇가지의 지지대 같더구나. 얼마 후 우엘바와 세비야의 서커스에서 잘 훈련된 동물들을 보았을 때 받아쓰기 연습장이나 색 바랜 상장처럼 거의 잊어버리고 있던 학창 시절 우화의 기억이 사춘기 시절의 불쾌한 악몽처럼 되살아나 버렸어.

이미 네게 여러 번 말했지만, 나는 어른이 되어 우화 작가 라퐁텐*의 작품을 읽고서야 작품에서 말을 할 줄 아는 동물들과 친해질 수 있었단다. 그들이 말하는 걸 들으면 때때로 진짜 갈까마귀, 비둘기 혹은 양이 말을 한다고 생각할 정도였지. 그래도 작품 마지막 부분의 교훈적인 설교는 절대 읽지 않았어. 마치 말라비틀어진 꼬리, 타버린 재, 마지막에 떨어진 깃털 같았거든.

플라테로야, 물론 너는 당나귀라는 단어가 흔히 의미하는, 혹은 스페인 학술원 사전에서 규정하는 그런 당나귀가 아니야. 너는 내가 알고 이해하는 그대로의 너란다. 너는 너의 언어가 있고 내가 하는 언어를 하지는 않아. 내가 장미의 언어를 모르고 장미는 종달새의 언어를 모르는 것처럼. 그러니까 넌 내가 작품 결말에 이탤릭체의 쓸 데 없는 교훈거리를 만들기 위해 너를 여우나 분홍방울새와 엮어서 우화의 말 많은 주인공으로 만들까 봐 걱정하지 않아도 된단다. 플라테로야, 절대 그런 일은 없을 거야.

CXXVI

사육제[*]

플라테로는 오늘 정말 멋지다! 오늘은 사육제의 월요일, 아이들은 투우사와 곡예사, 그리고 멋쟁이 한량의 화려한 옷차림으로 변장하고 빨강, 초록, 하양, 노랑이 어울린 아라베스크 무늬로 수놓은 아랍식 안장을 플라테로에게 얹는다.

물, 태양 그리고 추위. 동그란 색종이는 오후의 차가운 바람에 나란히 길에 뒹굴고, 추위에 떠는 가면 쓴 아이들은 시퍼렇게 얼어 버린 손을 아무 데나 쑤셔 넣고 한기를 녹인다.

우리가 광장에 도착하자 흰 셔츠를 늘어뜨리고 풀어헤친 검은 머리에는 초록색 잎사귀로 왕관을 얹어 미친 여자로 분장한 여자들이 손에 손을 잡고 원을 만들어 떠들썩하게 놀다가 플라테로를 가운데로 끌어들여 그 주위를 즐겁게 돌며 논다.

어쩔 줄 모르는 플라테로는 마치 불길에 포위된 전갈처럼 귀를 쫑긋 세우고 목을 높이 쳐든 채 초조해 하면서 도망갈 틈을 찾고 있다. 그러나 흥분한 여자들은 몸집이 작은 플라테로를 무서워하지 않고 그 주위를 계속 돌면서 웃고 떠들고 노래한다. 뚫어지게 이 장면을 지켜보던 어린아이들이 나귀 울음을 흉내 내면서 플라테로의 화답을 재촉한다. 이제 광장 전체가 악기, 나귀 울음, 떠들썩한 웃음, 노래, 탬버린 그리고 양철 냄비를 두드리는 소리가 뒤섞인 떠들썩한 공연장이 된다.

마침내 플라테로는 결연히 결심한 사람처럼 둥근 포위망을 뚫고 그 화려한 안장이 떨어지는 것도 아랑곳하지 않은 채 울음소리를 내며 내게 달려온다. 녀석도 나와 마찬가지로 사육제에는 전혀 취미가 없는 거지……. 우리는 이런 것들과는 맞지 않는구나…….

CXXVII

레온

2월의 화창한 오후, 나는 플라테로와 함께 호젓하면서도 즐거운 몽하스 광장의 벤치들 옆을 천천히 지나고 있다. 황금에 연보랏빛이 녹아들면서 일찌감치 병원 건물 위로 해가 지기 시작하는데 문득 누군가 우리 옆에 있는 것을 느낀다. 고개를 돌리자 '돈 후안……'이라는 글씨가 보인다. 그리고 레온이 손뼉을 친다.

맞아, 레온이야. 야간의 연주를 위해 화장을 하고 옷을 차려입었구나. 체크무늬 재킷, 하얀 줄이 달린 검은 에나멜가죽 부츠, 늘어뜨린 초록색 비단 손수건 그리고 팔 밑에는 반짝이는 심벌즈. 손뼉을 한 번 치더니 하느님은 모든 사람들에게 재능을 하나씩 주셨다고 내게 말한다. 내가 신문에 글을 쓰는 능력이 있다면, 그의 재주는 두 귀로…… "돈 후안, 이미 아시다시피 요놈 심벌즈라는 놈은 말입니다요……. 제일 연주하기 어려운 악기구만요……. 유일하게 악보 없이 연주하는 것이랑게요……." 그가 만일 밝은 귀를 가지고 정말 모데스토를 골탕 먹이려 했다면 밴드가 연주할 새로운 곡을 자신의 휘파람 소리로 먼저 불어 댔을 것이다. "아시다시피 누구나 자기 나름의 재능이 있구만요……. 도련님은 신문에 글을 쓰고…… 나는 플라테로보담도 힘이 더 세당께요……. 요기 한번 만져 보소."

그리고 나에게 늙고 벗겨진 자기 머리를 보여 주는데 카스티야의 평원처럼 휑한 한가운데 마치 오래되어 말라 버린 질긴 멜론처럼 넓게 못이 박힌 부분이 그의 고단한 삶을 너무나도 뚜렷하게 보여 주고 있다.

그가 손뼉을 치고 점프를 하더니 곰보 자국 있는 눈으로 윙크를 하면서 휘파람을 불며 간다. 내가 모르는 신곡임에 틀림없는 파소 도블레*가 밤의 음악으로 퍼진다. 갑자기 그가 내게 되돌아오더니 명함을 건넨다.

레온

모게르 청소년 관현악단 단장

CXXVIII

풍차 방앗간

플라테로야, 옛날엔 이 저수지가 얼마나 커다랗게 보였는지 몰라! 그리고 붉은 모래가 깔린 저 서커스 담장은 굉장히 높아 보였어! 삐쩍 마른 소나무들을 비추어 주고 나중에는 나의 꿈을 아름다운 이미지로 채워 주었던 것이 바로 저 저수지 물이었지? 언젠가 강렬한 태양의 음악과 함께 내 인생에서 가장 맑은 경치를 봤던 곳도 바로 이 발코니였지?

맞아, 집시 여인들이 있고 투우에 대한 두려움이 되살아나는구나. 항상 그랬듯이 고독한 사나이도 있네. 같은 사람일까? 술에 취한 카인은 우리가 지나갈 때 애꾸눈으로 누가 오는가 하고 길을 내다보면서 언제나 의미 없는 말을 지껄이다가…… 문득 잠잠해지곤 했어. 체념이 있고 슬픈 엘레지가 있단다. 그러나 그 체념은 너무도 새롭고, 슬픈 노래는 너무도 늙어 빠졌구나!

플라테로야, 이 장소에 다시 돌아오기 전에 나는 어린 시절의 매혹이었던 이 풍경을 쿠르베*와 뵈클린의 그림에서 보았다고 생각했단다. 나는 항상 그 아름다운 풍경을 그리고 싶었어. 가을의 불타는 석양에 비친 붉은 풍경, 모래사장에 찰랑대는 유리 같은 저수지에 소나무들과 함께 반사되는 풍경……. 그러나 이제는 겨자 꽃처럼 작은 추억, 빛나는 불꽃 옆의 비단 종이처럼, 내 어린 시절의 마법 같은 태양을 견디지 못하는 하나의 기억으로 남아 있다.

CXXIX

탑[*]

안 돼, 플라테로야. 넌 탑에 올라갈 수 없어. 그러기엔 네 몸집이 너무 크다고. 세비야의 히랄다 탑이라면 모를까!

네가 올라갈 수만 있다면 얼마나 좋겠니! 시계탑 발코니에서는 색유리 천장이 달린 마을의 하얀 지붕들과 꽃이 핀 화분들이 보여. 그리고 큰 종을 설치할 때 부서진 흔적이 있는 남쪽 발코니에서는 성의 마당과 그라나다 시청인 디에스모와 파도치는 바다가 보인단다. 더 위에 있는 종탑에서는 네 개의 마을과 세비야로 가는 기차와 리오틴토와 비르헨데라페냐에서 오는 기차가 보이는구나. 그리고 나서 쇠막대를 들어 올리면 번개에 손상된 후아나 성녀의 발을 만질 수 있어. 그리고 황금빛 햇살이 쏟아지는, 흰색과 푸른색 타일 사이의 창문으로 네 머리를 쑥 내민다면, 성당 마당에서 투우 놀이를 하는 아이들이 놀라 자빠지겠지. 그 애들이 기뻐서 내지르는 날카롭고 청아한 고함 소리가 너 있는 데까지 들려올 텐데.

가엾은 플라테로, 얼마나 많은 삶의 기쁨을 포기해야 하는지! 네 삶은 마치 옛 공동묘지로 가는 짧은 길처럼 너무도 단조롭구나.

CXXX

모래 상인의 나귀들

플라테로야, 케마도의 나귀들 좀 봐. 젖은 모래를 담은 무겁고 붉은 짐을 지고 고개를 떨군 채 느릿느릿 걸어가는구나. 그 짐들 사이로는, 마치 심장에 박혀 있는 듯, 채찍질을 할 초록색 올리브 나뭇가지가 꽂혀 있구나.

CXXXI

전원시

　플라테로야, 저것 좀 봐. 트랙을 도는 서커스단의 조랑말처럼 정원 둘레를 세 바퀴나 빙빙 돌았어. 부드러운 빛의 바다에만 있는 가벼운 파도처럼 흰색의 조랑말은 다시 담장을 뛰어넘어 가 버렸어. 나는 그 말이 저 편에 피어 있는 야생 들장미 너머에 있는 모습이 떠오르고, 하얀 석회 벽을 배경으로 서 있는 모습이 눈앞에 보이는 듯해. 저 말을 보렴. 다시 여기에 돌아와 있어. 그것은 실은 두 마리 나비야. 하나는 하얀 색, 다른 하나는 그 그림자인 검은 색.

　플라테로야, 아무리 감추려 해도 드러나게 마련인 빼어난 아름다움이 있어. 네 얼굴에서 눈망울이 제일 매력 있는 것처럼 별은 밤하늘에서 제일 빛나고 장미와 나비는 아침 정원의 첫째가는 아름다움이야.

　플라테로야, 나비가 얼마나 잘 날아다니는지 좀 보렴! 이렇게 날아다니는 것이 얼마나 큰 기쁨일까! 그것은 아마도 진정한 시인인 내게 시를 쓰는 즐거움과 같은 걸 거야. 나비는 자기의 날갯짓 안에 모든 것을 담고 있어. 자기 자신에서부터 영혼에 이르기까지 모든 것을 말이야. 그리고 그보다 더 중요한 것은 이 세상에, 그러니까 이 정원 안에서는 없는 것 같아.

쉿! 플라테로야, 조용히 하고 저것 좀 보렴. 저렇게 순수하고 사뿐하게 날아다니는 것을 보는 것이 얼마나 큰 즐거움인지 모른단다!

CXXXII

죽음

나는 플라테로가 부드러운 눈을 슬프게 뜨고 짚으로 만든 침대에 누워 있는 것을 보았다. 그 곁으로 가서 그를 어루만지며 말을 붙였고 그가 빨리 털고 일어나기를 바랐다…….

가엾은 플라테로는 갑자기 몸을 부르르 떨면서 일어나려 했지만 다리 하나는 무릎을 펼 수 없었다. 결국 그는 일어날 수 없었다. 그래서 내가 그의 다리를 바닥에 펴 준 다음 부드럽게 쓰다듬어 주고서 의사 선생님을 불렀다.

연로하신 다르봉 선생님은 그를 보자마자 이가 다 빠져 버린 커다란 입을 턱이 닿을 정도로 나귀의 몸에 숙이고 자신의 충혈된 얼굴을 그의 가슴에 대고는 마치 시계추처럼 흔들었다.

"상태가 안 좋지요, 그렇죠?"

그가 뭐라 대답했는지 기억나지 않는다……. 그 가엾은 친구가 떠나고 있었다……. 그뿐이었다……. 고통……. 어디서부터 잘못된 것인지 모르겠다……. 풀뿌리의 흙 때문인가…….

플라테로는 정오에 하늘나라로 갔다. 솜털 같은 그의 배는 엄청 부풀어 올라 있었고 뻣뻣하게 굳어 버린 창백한 발은 하늘을 향해 뻗어 있었다. 곱슬곱슬했던 그의 털은 좀벌레 먹은 낡은 인형의 털처럼 손을 대기만 해도 먼지 같은 슬픔으로 떨어져 내렸다.

조용한 마구간에, 창문으로 햇살이 지날 때마다 밝아지면서, 세 가지 색깔의 고운 나비 한 마리가 날아다니고 있었다.

CXXXIII

그리움

플라테로야, 너는 우리를 보고 있지, 그렇지?

차갑고 투명한 정원의 우물이 얼마나 평화롭게 웃고 있는지, 아직 언덕을 비추고 있는 태양빛을 통해 초록, 연보라, 장미와 황금빛의 로즈메리 꽃 주위로 꿀벌들이 얼마나 분주히 날아다니고 있는지 잘 보이겠지?

플라테로야, 너는 우리를 보고 있지, 그렇지?

빨래하는 여인들의 나귀들이, 하늘과 땅을 단 하나의 빛나는 수정으로 잇고 있는 저 거대하고 순수한 대기 속에서, 피곤에 절어 슬픈 모습으로 오래된 샘이 있는 붉은 언덕길을 절룩거리며 지나가는 것을 보고 있겠지?

플라테로야, 너는 우리를 보고 있지, 그렇지?

선홍색 반점의 하얀 나비 떼가 내려앉아 마치 꽃처럼 피어 있는 시스투스 나무 사이로 얼굴이 빨갛게 상기된 개구쟁이 아이들이 달려가는 것을 보고 있겠지?

플라테로야, 너는 우리를 보고 있지, 그렇지?

플라테로야, 정말 우리를 보고 있는 거지? 그럼, 분명 나를 보고 있을 거야. 그래, 나는 활짝 개인 서쪽 하늘에서 너의 소리가 들리는 것 같구나. 그래, 들리고말고. 난 네 소리를 듣고 있어. 포도밭 전체를 달콤하게 만드는 너의 정겨운 울음소리를…….

CXXXIV

발판

나는 나무로 된 발판에 가엾은 플라테로의 안장과 재갈 그리고 고삐를 놓고, 아이들의 옛 요람들이 구석에 처박혀 있는 커다란 곳간으로 가지고 갔다. 고요하고도 햇살이 따스하게 비치는 널찍한 곳간. 그곳에서는 모게르의 온 들판이 굽어보인다. 왼쪽으로는 붉은 풍차 방앗간이, 정면에는 몬테마요르 소나무 숲이 하얀 암자와 함께 보이고 교회 뒤로는 외떨어진 피냐 농장이 그리고 서쪽으로는 높고 눈부신 여름 파도가 출렁이는 바다가 보인다.

방학 동안에 아이들은 곳간으로 놀러 간다. 부서진 의자들을 기다랗게 이어서 마차를 만들고 빨갛게 칠한 신문지로는 무대를 만들고, 교회와 학교도 만든다…….

때때로 아이들은 영혼이 없는 발판 위로 올라가 극성맞게 발을 구르고 손뼉을 치면서 상상의 들판을 향해 나아간다.

"이랴, 플라테로! 이랴, 플라테로!"

CXXXV

우수

오늘 오후에 아이들과 함께 플라테로의 무덤에 다녀왔다. 그 무덤은 피냐 농장의 둥글고 자애롭게 생긴 소나무 발치에 있다. 그 주위로는 커다랗고 노란 수선화들이 4월의 촉촉한 대지를 장식하고 있었다.

꼭대기가 파랗게 칠해진 초록 지붕 위로는 검은 방울새들이 노래하고 있고, 꽃이 피어 웃는 듯한 새소리는 마치 새로운 사랑의 투명한 꿈처럼 포근한 오후의 황금빛 햇살 사이로 멀어져 가고 있었다.

무덤에 도착하자 아이들은 소리도 지르지 않았다. 조용하고 엄숙한 가운데 반짝이는 그들의 눈동자를 보자 여러 가지 간절한 물음이 떠올랐다.

"내 친구 플라테로야" 나는 땅을 보며 말했다. "아마도 너는 지금 하늘나라의 풀밭에서 아기 천사들을 복슬복슬한 네 등에 태우고 있을 거야. 그렇다고 설마 나를 잊어버린 건 아니겠지? 플라테로야, 말해 봐, 아직 나를 기억하고 있는 거야?"

그러자 마치 내 질문에 대답이라도 하듯 전에는 보이지 않던 하얀 나비 한 마리가 그의 영혼처럼 이 꽃 저 꽃을 옮겨 다니며 가볍게 날아다니고 있었다.

CXXXVI
모게르의 하늘에 있는 플라테로에게

다정한 나의 귀여운 나귀, 플라테로야! 너는 내 영혼을 선인장, 접시꽃, 인동덩굴 사이로 수도 없이 — 오직 내 영혼만을 — 데려갔어. 너에 대해 이야기하는 이 책을 넌 이제 이해할 수 있을 거야.

이 책은 이미 천국에 있을 네 영혼에게 바치는 거야. 네 영혼과 함께 하늘에 올라갔을 우리 모게르 풍경의 영혼을 거쳐서 네 영혼에게 간단다. 책 등에는 내 영혼을 태우고, 찔레꽃 사이를 지나 올라가는 동안 나는 하루하루 더 선하고 평화롭고 순수해지지.

그래. 나는 알고 있어. 개똥지빠귀와 밀감 꽃 사이로 날이 저물어 갈 때, 생각에 잠긴 내가 외로운 오렌지 밭을 천천히 지나 네게 안식을 제공하고 있는 소나무에 도착하면, 영원히 피어 있는 장미 꽃밭에서 행복을 누리고 있는 너는, 사그라진 네 심장을 꽃망울로 터뜨리고 있는 노란 수선화들 앞에 멈춰 서 있는 나를 바라보고 있을 거라는 걸 말이야.

CXXXVII

판지로 만든 플라테로

플라테로야, 일 년 전 너의 추억을 담은 이 책의 일부가 세상에 선보였을 때 너와 나의 여자 친구가 이렇게 판지로 만든 플라테로를 내게 선물해 주었어. 거기서도 보이니? 잘 봐. 반은 회색이고 반은 흰색이야. 검붉은 입과 엄청나게 크고 검은 눈망울 그리고 분홍색, 하얀색, 노란색의 비단 종이꽃 화분 여섯 개와 흙으로 된 안장을 지고 고개를 주억거리며 거친 네 바퀴로 에나멜을 칠한 테이블 위를 걷고 있어.

플라테로야, 너를 기억하면서 난 이 장난감 나귀에 애정을 쏟고 있단다. 내 서재에 들어오는 모든 사람들은 웃으며 "플라테로야"라고 말을 붙여. 혹시 잘 모르는 사람이 무엇이냐고 물으면 나는 "플라테로예요"라고 말해 주지. 그 이름이 내 감정에 그렇게 익숙해지니까 이제는 비록 혼자 있더라도 그것이 너인 것 같아서 눈길로 쓰다듬어 준단다.

너는 어떻게 하냐고? 사람 마음의 기억이라는 것이 얼마나 간사한지 모르겠구나! 판지로 만든 이 플라테로가 지금은 너보다 더 플라테로처럼 느껴진다니까……

마드리드, 1915.

CXXXVIII

고향에 잠든 플라테로에게

플라테로야, 잠시 너의 죽음과 함께 있으려고 왔어. 나는 사는 게 사는 게 아니었단다. 변한 건 아무 것도 없어. 너는 여전히 살아 있고 나는 너와 함께 있단다……. 오늘은 나 혼자 왔어. 꼬마 아이들은 이제 어엿한 청년과 숙녀로 자랐지. 너도 이미 알겠지만 시간은 우리 셋에게 그 잔재만을 남겨 놓았고 우리는 가장 풍요로운 보물, 즉 우리 마음의 주인이 되어 그 폐허 위에 서 있단다.

내 마음이라! 내가 그 마음만으로 충분한 것처럼 그 둘도 그러기를. 내가 생각하는 방식으로 그들도 생각하기를. 그러나 아니야. 차라리 아무 생각도 말기를……. 그러면 그들은 나의 나쁜 점들, 냉소, 뻔뻔함에 대한 슬픈 기억을 하지 못할 테니까.

아무에게도 하지 못하는 이런 말들을 네게 할 수 있다는 것이 얼마나 기쁘고 좋은지 모르겠구나……! 현재가 내 삶의 모든 것이고 이것이 그들에게 추억으로 남도록 내 행동을 조심할 거야. 그래서 평화로운 미래가 그늘 속에서 평안하고 부드러운 향기를 풍기는 자주색 바이올렛 크기로 남도록 해야지.

플라테로야, 너만 유일하게 과거에 있구나. 그러나 영원한 곳에 사는 네게, 여기 있는 나 자신처럼, 영원한 하느님의 심장처럼 붉은 새벽 태양을 매일 두 손으로 받아 내는 네게 과거가 무슨 의미가 있겠니?

모게르, 1916.

부록

부록 I

개정판에 부친 서문

　나는 내게 너무도 다정하게 대해 주었던 시마로 박사와 2년 동안 함께 살다가 1906년경 모게르로 돌아온 후 『플라테로와 나』를 쓰기 시작했다. 이전과 다른 모게르, 농촌과 사람에 대한 나의 새로운 지식과 연결된 모게르의 기억이 이 책을 쓰게 된 결정적 이유이다. 당시 나는 내 주치의인 루이스 로페스 루에다와 함께 시골 마을을 돌아다니며 슬픈 일을 많이 보았다.

　처음 나는 「모게르의 꽃들」, 「내 유년 시절의 실체와 그림자」, 「안달루시아 애가」와 같은 문체로 추억을 담은 책을 낼 생각을 했다. 나는 플라테로와 함께 고독하게 산책을 했는데 그것이 도움이 되었고 동기가 되었다. 나는 내 감정을 믿었다.

　많은 사람들이 플라테로가 실제로 존재했는지를 묻는다. 당연히 존재했다. 안달루시아 전체에 들판이 있는 곳이면 말과 암말과 노새 사이에 당연히 나귀들도 있었다. 나귀는 말이나 노새와는 또 다른 쓸모가 있었고 손도 덜 갔다. 들로 산책을 나갈 때 간단한 짐을 지게 할 수도 있고 피곤한 아이들과 환자들을 태울 수도 있다. 플라테로는 나귀의 한 종류를 지칭하는 일반적인 이름이다.

말과 나귀의 혼혈인 모이노는 까무잡잡한 색깔의 나귀를, 까노는 하얀 색의 나귀를 지칭하듯 플라테로는 은빛 나귀를 부르는 이름이다.* 사실 나의 "플라테로"는 한 마리 나귀에 대한 이야기가 아니고 다양한 나귀들, 플라테로라고 불리는 나귀들 전체에 대한 이야기이다. 내게는 젊은 수컷 나귀들이 있었다. 모두 플라테로였다. 그 전체 나귀들과의 추억들이 이 책의 내용이 되었다.

사춘기에 나는 '알미란테'라는 말을 좋아했다. 그 말은 내게 기쁨과 흥분과 즐거움을 주었고 해가 뜨고 지는 것을 수도 없이 함께 보았고 낮잠도 함께 잤으며 폭풍과 소나기를 함께 겪으면서 잘 아는 들판과 모르는 산들을 돌아다녔다. 그런데 내가 푸엔테피냐 농장을 사들이면서 들판을 다니기에는 나귀가 더 낫다는 생각이 들었다. 나는 나귀를 타지는 않았다. 나귀는 나의 동반자가 되어주었다. 이렇게 타고 가지 않을 바에는, 비록 나귀가 더 신비스럽고 도망치기도 잘 했지만, 말보다는 나았다. 나귀는 참을성이 더 있고 더 순종적이었다.

1912년 마드리드로 돌아왔을 때 『라 렉투라』의 편집장인 프란시스코 아세발은 『플라테로와 나』의 초고를 일부 읽고 나서 〈청소년 문집〉에 넣어 출판하자고 제안했다. 나중에 서문에서 밝혔듯이 나는 간섭하지 않고 프란시스코 아세발이 작품들을 선별하도록 하였다. 나는 (위대한 세르반테스가 사람들에게 했듯이) 아이들에게 오로지 흥미와 감동을 위해서 이상한 책들(기사소설)을 주어서는 안 되고, 깊고 단순하며 명확한 (그리고 정선된) 감정을 바탕으로 한 역사서 혹은 실제 존재와 사물의 문제를 다룬 책을 읽도록 해야 된다고 생각했고 지금도 그 생각은 변함이 없다. 따라서 청소년 문고의 『플라테로와 나』는 아이들을 위해서 쓴 책이 아니라 발췌한 책이 될 것이다.

부록 II
플라테로의 죽음

프란시스코 선생님은 내 은색 나귀가 처음에 사귄 좋은 친구들 가운데 한 분이다. 이 책이 여러 사람들에게 사랑을 받는 이유는 그가 플라테로의 고삐를 끌어서 생명의 문으로 데리고 왔기 때문이다.

프란시스코 선생님 생전에 내가 마지막으로 뵈러 갔을 때는 이미 병세가 돌이킬 수 없는 상태였음에도 그는 침대에 플라테로 책을 잔뜩 쌓아 놓고, 코시오의 말에 의하면, 1월인데도 여전히 크리스마스와 새해 선물로 멀리 있는 지인들에게까지 선물로 보냈다고 한다.

그날 프란시스코 선생님은 다정하고 유쾌하게, 책을 읽은 후 첫인상을 길고 장황하게 편지로 썼노라고, 그러나 그것을 곧 찢어 버렸노라고 내게 말씀하시면서 내 팔을 붙잡고는 아마도 내가 그 말을 믿지 않을 거라고 속삭이셨다. 그리고는 내게 잠시 (그가 무리하지 않도록 친절히 돌보는 코시오의 감시 하에) 산문과 문체와 풍경과 새로운 돈키호테의 주제가 될 만한 것들에 대해서 이야기하셨다. 그러다가 갑자기 말을 멈추더니 선생님께서는 책 한 권을 내게 들고 와서 플라테로의 죽음을 다룬 페이지를 천천히 우아하게 읽어 주셨다. 그리고 마지막 문단은 더욱 천천히 반복해 읽으셨다.

조용한 마구간에, 창문으로 햇살이 지날 때마다 밝아지면서, 세 가지 색깔의 고운 나비 한 마리가 날아다니고 있었다.

그리고 선생님께서는 "좋아, 친구"라고 우수에 젖은 목소리로 말하며 바닥을 내려다보았다. 순간적으로 타오르는 숯불처럼 내면의 빛과 황혼 녘의 빛이 그분의 눈에 녹아들면서 특유의 신랄한 표현이 이어졌다. "자네는 항상 일정한 일자리가 없는 러시아 바이올리니스트의 분위기를 가지고 있군. 자네 글이 보여 주는 엉뚱한 고독의 분위기에 누가 관심을 갖겠나? 정치적 성향의 시를 써야 하네. 오르테가가 바라는 것처럼 참여 시인이 되어야 해"라고 말씀하셨다. 그리고 잠시 말을 끊었다가 "자네는 이제 성숙했고 나는……"이라며 말꼬리를 흐렸다.

코시오는 내게 살며시 밖으로 나갈 것을 권했다. 우리는 방을 나왔다. 그리고 나는 심각한 코시오의 억지웃음 사이로 어두운 방구석에서 현관문까지 나를 쫓아 이어진 선생님의 눈길이 작별 인사였다는 것을 알았다.

부록 Ⅲ

프랑스에서 출판되는 스페인어판 『플라테로와 나』

『플라테로와 나』가 스페인어 원문 그대로 번역되지 않은 채 프랑스에서는 처음으로 어린이들을 위한 축소판으로 출판된다. 그 책은 소리아노 씨가 운영하는 파리의 스페인어 출판사(Librairie des Editions Espagnoles)에서 내 취향에 맞게 단순하면서도 정성스럽게 인쇄되고 있다. 발타사르 로보의 매혹적인 그림도 함께 실릴 것이다.

내가 그 책의 서문을 준비하고 있던 바로 오늘, 부에노스아이레스의 로사다 출판사(Editorial Losada)에서 문고판 소책자로 출판된 『플라테로와 나』를 받았다. 이 책은 완전본과는 별도로 이미 12쇄를 거듭하고 있다. 내게 배달된 1952년 판본은 3만5천 부를 찍었다. 나는 재미삼아 『플라테로와 나』의 판본이 모두 몇 개인지 세어 보려 한다. 물론 그 많은 판본들을 다 넣을 수는 없을 것이다. 왜냐하면 내 허락도 없이 천박한 출판업자들에 의해 나왔는데, 그것들은 작품을 훔친 것도 모자라 너무나도 형편없이 만들어 버렸기 때문이다. 이는 파렴치한 절도보다 더 용서받을 수 없는 짓이다.

『플라테로와 나』가 처음 축소판으로 출판된 것은 마드리드의 라 렉투라(La Lectura)출판사의 청소년 문집이었는데, 이는 1912년 당시엔 거의 다 쓰인 상태였던 완전본의 편집자들이 선별한 것으로서 이후 출판되는 축소판들의 모델이 되었다. 최초의 완전본은 1916년 카예하(Calleja) 출판사에서 처음으로 나왔고, 다음에는 에스파사칼페(Espasa-Calpe) 출판사, 레시덴시아 데 에스투디안테(Residencia de Estudiante) 출판사, 그리고 스페인 내전이 일어난 1936년에는 시그노(Signo) 출판사에서 나왔는데 모두 마드리드 출판사들이라는 공통점이 있다.

1937년에는 에스파사 칼페 출판사가 부에노스아이레스에서 『플라테로와 나』를 두 가지 판형, 즉 완전본과 선집의 형태로 출판하였고 그것이 아직 시중에 돌아다니고 있다. 로사다 출판사에서는 그 후 세 가지 판형으로 동시 출판하였는데 그중에서 가장 공을 들인 두 번째 판형은 절판되었다. 바르셀로나의 구스타보 힐리(Gustavo Gili) 출판사는 장서 수집가들을 위해서 호세 몸포우(José Mompou)의 멋진 그림까지 넣어 아름답게 장정된 책을 출판하였고, 카예하(Calleja) 출판사는 1916년 자기들이 마드리드에서 만든 판본 못지않게 예쁘게 장정한 재판본을 출판하였다. 앞서 말했듯, 스페인이나 중남미에서 출판된 해적판들은 언급하지 않겠다. 그 책들 가운데 몇 개는 싼 가격 덕분에 여기 아메리카 대륙에서 대량으로 팔리고 있는 것을 내 눈으로 직접 본 적도 있다. 이는 세계 곳곳에서 완전본이든 선집이든 간에 내 책이 청소년들뿐 아니라 어른들 사이에서도 널리 읽히고 있음을 의미한다. 나는 지금 누리고 있는 성공의 최초의 불씨가 된 것이 바로 프란시스코 히네르 선생님께서 후벤툿(Juventud) 시리즈에 『플라테로와 나』를 포함시켜 출판해 준 것이라고 기쁘게 쓸 수 있다. (왜냐하면 이미 말로는 수도 없이 언급했기 때문이다.)

2년 후인 1915년, 프란시스코 히네르 선생님은 병석에 누워 다시는 일어나지 못했다. 어느 추운 겨울날, 프란시스코 선생님의 아들 노릇을 하는 평론가 엘 그레코, 마누엘 바르톨로메 코시오 (Manuel Bartolomé Cossío)가 연락해 45세의 나이 차이에도 불구하고 나를 그토록 아껴 주었던 위대하고 너그러운 친구 프란시스코 선생님과 작별 인사를 할 수 있도록 해 주었다. 스페인의 대중적인 가구로 간소하게 꾸며진 회벽의 방에 들어서자 소박한 학생 침대와 그의 모친이 쓰던 소나무 등받이의 높은 안락의자가 보였고 책장 위에는 『플라테로와 나』가 수십 권 쌓여져 있는 것이 보였다. 내가 들어가자 프란시스코는 예의 크고 부드러운 입을 활짝 벌리고 청색증으로 푸르스름해진 얼굴 전체로 크게 웃었다. 그는 그 큰 눈을 반짝이면서 잔뜩 쌓인 책을 내게 가리키며 말했다. "지난 연말부터 이 책을 여러 사람들에게 선물하기 시작했어. 새해에 들어섰지만 여전히 선물은 플라테로지." 우리는 단지 몇 분밖에 이야기를 나누지 못했다. 그는 너무 쇠약해졌고 옆 서재에서는 다른 사람들이 차례를 기다리고 있었기 때문이었다. 영원히 작별을 하기 전에 우리는 두 손을 맞잡았는데, 프란시스코가 이별의 고통을 늘리지 않으려고 오른손을 살며시 뺐으나 왼손은 나의 두 손 사이에 잠시 더 머물러 있던 것을 나는 결코 잊지 못할 것이다. 그는 가까이 있는 플라테로 책 한 권을 집어서 늘 하던 대로 플라테로의 죽음을 이야기한 페이지를 조심스럽게 펼쳐서 내게 주었다. "아주 완벽해"라고 그는 천천히 말했다. "늘 이런 단순한 문체로 글을 쓰기를 바란다네." 책을 베개 위에 놓으며 그는 얼굴색처럼 푸른빛이 도는 두 손을 다시 내게 뻗었다. 그는 애써 웃으며 덧붙였다. "그러나 절대 자만하지는 말게."

프란시스코의 장례가 끝난 며칠 후, 나는 오르테가 이 가세트(Ortega y Gasset)가 발행하는 에스파냐(España)지(誌)에 그를 기념하여 그의 묘비에 적힌 대로 '프란시스코 히네르 데 로스 리오스에게'라는 애가를 발표하였다. 몇 년 후 나는 이 시를 '현재(Presente)'라는 제목의 사행시 모음집에 실었는데 프란시스코에 대한 추억을 좀 더 길게 붙여서 1953년, 올해 출판하고자 하는 『운명(Destino)』의 첫 권에 수록하려고 한다. 내가 사랑하는 사람들이나 동물들의 죽음에 부치는 모든 애가들은 이상하게도 항상 무슨 모범 답안인 것처럼 플라테로의 죽음에 대한 글과 연관되어 있다. 죽음에 대한 모든 애가와 플라테로의 죽음이 연결되는 것은 바로 프란시스코 히네르가 마지막 순간에 내게 지적해 준 그 단순한 문체 때문임이 틀림없다. 『플라테로와 나』를 읽은 많은 독자들이 그 시를 많이 언급하는 이유 역시 그 단순함에 있음은 틀림없는 사실일 것이다.

후안 라몬 히메네스
푸에르토리코, 산후안
1952년 12월 24일.

히메네스 시선

1.

불가사의하고 가슴 아픈 시
(*Poemas Mágicos y Dolientes*), (1911)
전원시(*Poemas Agrestes*), (1910-1911)
사색하는 표정(*La Frente Pensativa*), (1911-1912)

노란색 봄

4월이 왔다.
노란색 꽃들로 가득하다.
노란 실개천,

계곡과 언덕, 아이들의 무덤과
사랑이 머물렀던 과수원도
모두 노란색이다.

태양은 내리쬐는 햇살로
온 세상에 노란색 성유(聖油)를 바른다.
아아! 황금색 창포꽃 사이로
따뜻한 금빛 물이 흐르고
노란 장미꽃 위로는
노란색 나비들!

노란 덩굴장미들은 나무들을 감고

올라갔다. 삶을 일깨우는
금빛 향기의 은총으로
뒤덮인 하루.
죽은 이들의 뼈 사이에
신은 자신의 노란 손을 열었다.

　　　　　　　　　　　─『불가사의하고 가슴 아픈 시』

마지막 여행

…… 이제 나는 갈 거야. 그래도 새들은 여전히 노래하겠지.
그리고 내 과수원의 나무들은 여전히 푸를 것이고
하얀 우물도 여전할 거야.

　　매일 오후 하늘은 평화롭고 푸르겠지.
그리고 오늘 오후의 종소리처럼
종탑의 종도 계속 울리겠군.

　　나를 사랑했던 사람들도 죽을 테고
매년 마을은 새로워지겠지.
그리고 하얀 울타리 안에 꽃이 만발한 내 과수원
한 구석에는 향수에 젖은 내 영혼이 떠돌고…….

　　이제 나는 갈 거야. 이제 혼자겠군. 가족도,
푸른 나무도, 하얀 우물도 없이,
푸르고 평화로운 하늘도 없는 곳에서…….

그래도 새들은 여전히 지저귀겠지.

—『전원시』

사랑

너는 죽지 않았어, 그럼.
너는 다시 태어나,
매해 봄마다, 장미꽃과 함께.
인간의 삶과 같이, 너는
마른 낙엽을 뿌리고
눈보라가 치기도 하는구나, 인생
처럼…….

그러나 사랑
너의 땅에는 굳은 약속의 씨가
뿌려져 있어,
비록 망각 속에서라도
꼭 이루어지기 마련이지.
네가 원치 않더라도 소용없으리라!
부드러운 바람은 어느 날 영혼을 흔들어 놓고,
별들이 빛나는 밤에
사랑, 너는 마치 첫 경험인양
순결하게 감각들에 내려앉는다.

사랑, 너는 순수하고, 너는
영원하구나! 네 앞에서는
죽었다고 믿었던 연약한 비둘기들도
하얗게 떼 지어 푸름을 찾아 돌아오는구나…….
너는 새로운 잎에 단 하나의 꽃이 피어나게 하고
새로운 언어로 불멸의 빛을 황금색으로 물들이는구나…….
　　　사랑아, 너는 영원하다,
마치 새 봄처럼!

　　　　　　　　　　　　　　　　—『사색하는 표정』

2.

영혼의 소네트(*Sonetos Espirituales*), (1914-1915)
갓 결혼한 시인의 일기
(*Diario de un poeta recién casado*), (1916)

10월

나는 땅에 엎드려 있었다, 끝도 없는
카스티야의 평원을 마주하고.
가을은 낙조의 투명한 햇살을 쪼여
누런 들판을 부드럽게 감싸고 있었다.

느린 쟁기가 나란히 뻗은 고랑들 사이로
검은 흙을 열어 제치고, 순박한
일손은 씨앗들을 정직하게
땅 속에 흩뿌리고 있었다.

나는 마치 내 심장을 꺼내서
숭고하고 심오한 느낌에 충만한 채
부드러운 고향 땅의 넓은 고랑으로 던진다고 생각했다.

심장을 갈라서 땅에 뿌리고,
봄이 오면 과연 영원한 사랑의

순수한 나무가 세상에 드러나는지 보도록 하자.

—『영혼의 소네트』

내 영혼에게

너는 항상 아름다운 장미꽃을
피우기 위해 가지를 준비하고 있지, 또 언제나
네 몸의 문에 귀를 쫑긋 대고 예기치 않은
화살에 대비하고 있구나.

파도는 무(無)에서 일지 않는 법,
너의 열린 어두움에서 더 좋은 빛을
가져가지 않기를. 밤에도 너는 너의 별에서
불면의 삶으로 깨어 있구나.

너는 지울 수 없는 표시를 사물에 새긴다.
그리고 정상의 영광을 구현한 다음
네가 기름 부은 모든 것을 소생시키리라.

네 장미는 모든 장미들의 모범이 될 것이고,
너의 귀는 별들의 조화로움이, 너의 생각은 별빛이,

그리고 너의 불면은 별들의 운명이 될 것이다.

—『영혼의 소네트』

마드리드

1916년 1월 17일

내 손에 닿기에는 너무나도 멀리
떨어져 있는 그것이
영혼에는 그렇게 가까이 있다니!

한줄기 별빛처럼,
꿈결에 들리는 이름 없는
목소리처럼, 멀리서 들리는
말발굽 소리처럼, 우리는
듣기를 열망하지,
땅에서 울리는 소리를,
전화선 너머 들리는 바다처럼……

그리고 내 안에 생명이
태어난다, 행복한 어느 하루
또 다른 곳을 비추고 있는
꺼지지 않는 빛과 함께.

오! 달콤하여라! 아직 실체가 없는
달콤한 진실! 참으로 달콤하여라!

—『갓 결혼한 시인의 일기』

바다

바다, 너는 너 자신을 찾기 위해
- 오, 끝없는 무질서, 멈추지 않는 무쇠 파도! -
또는 내게 너를 찾을 수 있도록 싸우는 듯하다.
너를 드러내는 것이
얼마나 웅혼한가,
오늘 우리가 사는 세상의
완벽한 이미지를 창조하면서
- 함께하는 그 누구도 없이 -
네 외로운 맨몸을 보여 주는 것은!
너는, 마치 아이를 출산하는 듯
- 얼마나 힘든 일인지! -
너 자신을, 유일한 바다를!
너는 너 자신을, 유일한 너를,
많고 많은 것 중에서 유일한 너 자신을,
낳고 있는 중이구나!
……너 자신을 찾기 위해 또는 내가 너를 찾도록 하기 위해!

―『갓 결혼한 시인의 일기』

하늘

하늘, 나는 너를 잊었어,
그리고 피곤하고 무심한 내 눈에
비친 너는 - 이름 없는 -
단지 막연한 빛에
지나지 않았지.
그리고 꿈속에서 본 물의 세계에서
듬성듬성 이어지던 연못의 모습처럼
너는 여행객의 한가하고 희망 없는
단어들 사이에서 나타났다.

오늘 나는 너를 천천히 바라보았고
너는 네 이름까지 올라가 버렸다.

—『갓 결혼한 시인의 일기』

야상곡
(안토니오 마차도*에게)

……그것은 - 검고, 세련된,
작은 탑들이 끝없이 이어져 있는…… -
높은 도시를 내려다보고 있는
늙은 천문학자의 뛰어난 기하학.

　마치 마지막 전망대에서
점성가가
그것을 바라보고 있는 것 같다.

　　　푸르고
깊은 투명체의 맑은 대기 저 아래
미묘한 그의 비밀과 함께
정확한 - 불길들과 색깔들 -
기호들.

　낯선 진리의

결정적인 절박함에서
얼마나 반짝이는가, 얼마나 위협적인가,
얼마나 확고부동한가, 얼마나 예언적인가! 하늘,
스스로 움직이고 우리를 위해 움직이는
운동의 과학과 하늘의 해부!

　– 길 잃은 별처럼
날카롭고, 거대하고 외로운 비명소리 –
　　　　……얼마나 멀리 왔는지!
그 옛날 우리가 있던 곳으로부터,
어제 오후 같기만 한 그 봄날로부터
– 고요하고 달콤했던 워싱턴 스퀘어 –
그 옛날 꿈과 사랑으로부터!

　　　　　　　　　—『갓 결혼한 시인의 일기』

3.

영원(*Eternidades*), (1916-1917)

지식이여, 사물의 정확한
이름을 내게 달라!
          ……내 시어가
내 영혼이 새롭게 지어 낸
사물 자체가 되기를,
사물을 잘 알지 못하는 모든 사람들이
나를 통해 사물에 도달하기를,
사물을 이미 잊어버린 모든 사람들이
나를 통해 사물에 도달하기를,
사물을 사랑하는 그 모든 사람들이
나를 통해 사물에 도달하기를…….
지식이여, 사물의 정확한
이름을, 그리고 너의 이름, 그의 이름
그리고 나의 이름을 다오.

—『영원』

순백의 옷을 입은
순수한 그녀가 먼저 왔다.
그리고 나는 아이처럼 그녀를 사랑했다.

그 후에 그녀는 알 수 없는
옷들을 더 입었고,
나는 이유도 모른 채 그녀를 증오하게 되었다.

그녀는 보석으로 치장한
여왕이 되었다…….
의미 없는 이 분노와 쓰라림!

……그러나 그녀는 옷을 벗었고
나는 그녀에게 미소 지었다.

그녀는 예전처럼 순수함의

외투를 입고 있었다.
나는 다시 그녀를 믿었다.

　　　그리고 그녀는 외투마저 벗고
완전히 벌거벗고 나타났다.
오, 내 삶의 열정, 벌거벗은 시,
영원한 나의 시여!

—『영원』

잠을 자는 것은 오늘과
내일을 이어주는 다리와 같은 것.
그 아래로는, 꿈속에서처럼,
물이 흐른다.

— 『영원』

새벽

　　여명은
자신의 역이 아닌 곳에
기차를 타고 도착한 그런 슬픔이 있다.

　　잠시 지나가는 존재일 뿐임을 알고 있는
어느 하루의 소리들은 얼마나 쓸쓸한가.
- 오 내 인생이여! -

　　- 일어나라, 새벽빛과 함께, 한 아이가 운다. -

　　　　　　　　　　　　　　　　　　—『영원』

뛰지 말고, 천천히 가라,
네가 가야할 곳은 오직 너만을 기다리고 있으니!

천천히 가라, 뛰지 마라,
영원히 다시 태어나고 있는
네 안의 아이가
너를 쫓아갈 수 없으니!

— 『영원』

내 앞에 네가 있다, 그렇다.
그러나 나는 너를 잊는다,
너를 생각하면서.

— 『영원』

단테에게

(⋯⋯Allegro sí, che appena il conoscia⋯⋯⋯⋯

Dante)

순결한 나체의 여자와
다름없는 당신의 소네트가
그 순수한 무릎에 앉아 있는 나를
아름다운 두 팔로 포옹했다.

　　그리고 나는 소네트와 꿈을 꾸었다.
　　　　　　분수가 있었다.
두 줄기 물이 활처럼 휘어 물받이로 떨어졌다.
그리고 그곳에서 또 다른 두 개의 여린
물줄기가 흘러나왔다.

　　　　　　　　　　　　　　─『영원』

나는 내가 아니다.

　　　　　나는 내가 보지 못한 채
내 옆을 지나가는 이 사람.
때로는 내가 보려 하지만
때로는 잊어버리지.
내가 말할 때 그는 진지하게 침묵하고,
내가 증오할 때 그는 부드럽게 용서한다.
내가 없는 곳으로 산책을 나서고,
내가 죽을지라도 그는 여전히 서 있을 것이다.

　　　　　　　　　　　　　　　　─『영원』

나는 산만한 어린아이처럼
손에 이끌려
세상 잔치를 돌아다닌다.
나의 두 눈은 슬프게
사물에 걸려 있다…….
거기서 떼어 낼 때 나는 얼마나 고통스러운가!

—『영원』

4.

돌과 하늘(*Piedra y Cielo*), (1917-1918)

시

더 이상 그것을 만지지 마라.
그것이 바로 장미니까!

— 『돌과 하늘』

기억

강물은 나를 갉아먹으며
내 영혼 깊은 곳을 지나간다.
나는 서 있기조차
힘들다. 하늘은
나를 지탱해 주지 않는다. 별들은
나를 속인다. 아니야, 별들은 저 위에
있지 않고 아래, 저 바닥에 있다……

지금의 나? 나는 미래이다!
나는 될 것이다. 기억의 강에
흐르는 물결이 될 것이다……

흐르는 물, 너와 함께!

—『돌과 하늘』

바다

실로 유감이다, 나의 배가
저 깊은 바닷속에서
뭔가 거대한 것과 충돌했다니.

　　　　　그러나 아무 일도
일어나지 않는다. 아무 일도…… 정적…… 파도들…….

- 아무 일도 없었던 것인가, 혹은 이제 모두 정리되어,
우린 이미 새로운 것에 조용히 적응된 것인가?

　　　　　　　　　　　　　　　—『돌과 하늘』

꿈의 야상곡

땅은 땅이 끌고 가는데,
바다, 너는
하늘이 끌고 가는구나.

금빛, 은빛의 별들은 우리에게
얼마나 안전하게 길을
안내하는가! – 땅이 몸의
길이라면 바다는 영혼의 길이라고
말하리라.

그렇지, 영혼은
바다의 외로운 여행객
같다. 몸만 홀로
영혼 없이, 그것과 이별한 채
마치 시체처럼 무겁고 춥게
저기 백사장에 남아 있다.

바다의 여행은
얼마나 닮았는가!
죽음으로의 여행, 영원한 삶으로의 여행과.

—『돌과 하늘』

어느 뱃사람의 이상적인 묘비명

너의 무덤이 어디 있는지 알기 위해
우리는 창공을 두루 찾아야 한다.
– 너의 죽음은 어느 별에서부터 비가 되어 내린다.
묘석은 꿈을 담은 우주이기에
네게 무겁지 않다. –
알아차리지 못하는 사이 너는
모든 곳 – 하늘, 바다 그리고 땅 – 에서 죽어 있다.

—『돌과 하늘』

내 책이 밤하늘처럼
역사가 필요 없는 현재의 모든 진리를
담고 있다면 얼마나 좋을까!

매 순간 하늘처럼 모든 별들과 함께
모든 사물들을 드러낼 터인데. 그 광대한
아름다움의 매력을 소년기, 청년기, 노년기의
시간이 좀먹는 일도 없이.

현재의 충만한 떨림과
광채와 음악 소리!
순수한 책, 마음의 하늘에
새겨진 떨림과 광채와 음악 소리!

—『돌과 하늘』

5.

시(*Poesía*), (1917~1923)
아름다움(*La Belleza*), (1917~1923)

오늘 밤, 모두 문을
열어 두어라, 혹시
죽은 그가, 오늘 밤,
들어오기를 원할지도 모르니.

　　　　　　　모든 것을 열어 두자,
혹시 우리가 그의 몸과 닮았는지
보기 위하여. 혹시 우리가 그 영혼의
일부인지 알아보기 위하여. 허공으로
사라진 그의 몸과 영혼이지만.
혹시 거대한 무한 우주가
우리에게 들어와 우리를 살짝
밀어 버리는지 보기 위하여. 우리가 여기서
조금 죽고, 저기 죽은 그 안에서
조금 사는지 보기 위하여.

열어 두어라,
온 집안을! 마치 그의 몸이 푸른 밤에
피처럼 우리와 함께
꽃 같은 별들과 함께
누워 있었던 바로 그때처럼!

—『시』

죽음이여, 어찌 너를
두려워하겠는가? 너는 여기 나와 함께하고 있지 않은가?
너는 아무 것도 모른다고,
너는 비어 있고, 무의식적이고
평화적이라고 말하지 않으니 내 눈으로
너를 만질 수도 없겠지? 너는 모든 영광과
고독, 사랑과 너의 참마음까지 나와 함께
즐기지 않니?
죽음, 너는 내 옆에 서서
나의 삶을 견디고 있지 않니?
눈먼 죽음이여, 나는 마치 네 하인처럼
네게 오고 가고 있지 않은가? 너의 조용한 그 입으로
내가 네게 듣고 싶어 하는 말을
되풀이 하고 있지 않은가? 너는 내가 강요하는
선의를 견디지 못하지?
나 없이 너는 무엇을 보고, 무엇을 말하며 어디로

갈까? 죽음이여, 네가 두려워하고 보살피고 사랑해야만 하는 너의 죽음은 바로 내가 아닐까?

—『시』

유일한 친구

친구여, 너는 나를 따라오지 못할 거야.
너는 미친 듯이 불안해하며 도착하겠지.
그러나 나는 이미 떠났을 거야.

– 진정한 나 자신을 찾아
떠난 뒤 내가 남겨 놓은
그 공허가 얼마나 무시무시할까!

의도한 것은 아니었지만, 친구여
너와 나 사이에 내가 남겨 놓은
그 심연은 얼마나 절망적일까! –

친구여, 너는 남아 있을 수 없을 거야······.
내가 혹시 세상으로 돌아온다 해도
너는 이미 떠나고 없을 거야.

— 『시』

어머니

모든 것이 끝났는가. 모든 것이?
바라봄, 미소,
모든 것이, 가장 위대한 것의
가장 사소한 부분까지 다 끝났는가?

　　　아니, 나는 알아요, 어머니.
영생하는 무(無)이신 당신은 영원한 하루에
나를 바라보며 미소 짓고 계시다는 걸,
무한한 무(無)인 나를!

　　　　　　　　　　　　　　　—『시』

어머니

어머니, 내가 아기였을 때 당신이
나를 가슴에 안고 요람으로 데려가셨듯이
내가 당신을 두 팔에 안아서
당신의 삶에서 무(無)로 모셔 갈 수 있다면 좋으련만!

—『아름다움』

하늘 꼭대기

죽음이여, 네가 나의 삶과 하나 되어
나를 완성할 때,
나의 절반인 빛과 나의
절반인 어둠이 하나가 될 때, 그때 비로소
나는 내가 될 거야.
– 그럼 내가 세상의 마음 안에서
영원한 균형을 잡을 수 있겠지.
어떤 때는 나의 반쪽이 환하게 빛나고
또 다른 때는 나의 다른 반쪽이 잊혀지겠지. –

죽음이여, 네가 때가 되어,
나의 해골에 내 영혼의 옷을 입혀 줄 때
비로소 나는 내가 될 거야.

—『아름다움』

6.

완전한 계절
(*La estación Total*), (1911)
〔새로운 빛의 노래(*Canciones de la Nueva Luz*)〕
(1923-1936)

나는 다시 태어나리라

나는 돌멩이로 다시 태어나서,
여인아 여전히 당신을 사랑할거야.

나는 바람으로 다시 태어나서,
여인아 여전히 당신을 사랑할거야.

나는 파도로 다시 태어나서,
여인아 여전히 당신을 사랑할거야.

나는 불로 다시 태어나서,
여인아 여전히 당신을 사랑할거야.

나는 남자로 다시 태어나서,
여인아 여전히 당신을 사랑할거야.

—『완전한 계절』
(새로운 빛의 노래)

너의 나체

장미:
너의 나체는 은총이다.

샘:
너의 나체는 물이다.

별:
너의 나체는 영혼이다.

　—『완전한 계절』
(새로운 빛의 노래)

빛이여

수직의 빛
빛이여
숭고한 빛이여
금빛
사방에 울리는 빛,
빛이여.

그리고 나는 검고, 눈멀고, 귀먹고, 벙어리인 수평의 그림자.

—『완전한 계절』
(새로운 빛의 노래)

15 **어린이들에게 이 책을 읽어 주실 분들을 위한 제언** 이 글은 작가가 1914년 성탄절에 라 렉투라 출판사에서 나온 청소년문고의 『플라테로와 나』에 부친 서문이다. * '역자 주' 라고 따로 표시되어 있지 않은 경우는 원서 편집자 주입니다.

17 **플라테로** 은빛이 나는 나귀들의 일반적인 이름.

18 **이상적인 양식** 하얀 나비란 실제로는 존재하지 않지만 시인에게는 이상적인 양식이 되는 꿈과 희망을 상징한다.(역자 주)

세금도 ~ 온전하게 통과한다 히메네스의 고향 모르게에는 일정 반입물품에 관세를 부과하는 세관이 있었다.

19 **초록 새** El Pájaro Verde. 누에바 거리의 후안 라몬 히메네스 집과 마주보는 집에서 혼자 살던 남자의 별명.

20 **젊은 미망인** La viudita. 어린 여자아이들의 놀이. 홀수의 아이들이 손을 잡고 둥글게 원을 그린 후 가운데에 한 아이(la viuda)를 놓고 노래 부르는 놀이.

24 **라 미가(La Miga) 유치원** 베니타 바로에타 여사가 운영했던 유치원 이름이다. 후안 라몬 히메네스는 4세에서 6세까지 이 유치원을 다녔다.

24 **밀랍으로 만든 당나귀처럼 아는 것도 많을 텐데** 요즘의 의미로 바꾼

다면 '슈렉의 단짝인 동키처럼 아는 것도 많을 텐데'라고 할 수 있다.(역자 주)

팔로스 히메네스의 고향인 모게르의 남쪽에 위치한 조그만 항구 마을로, 그곳에서 콜럼버스가 아메리카를 향해 첫 항해를 시작하였다.

인어공주 시골 마을의 장날, 장터에서 어린아이들을 대상으로 보여 주던 인형극 이름.

31 **삼종기도** 가톨릭교회에서 아침, 점심, 저녁, 하루 세 번 그리스도의 현현을 기리며 올리는 기도.

프라 안젤리코 Fra Angelico(1387~1455). 도미니코 수도회 수사이며 이탈리아 화가이다. 르네상스의 선구자로 평가된다. 피렌체의 산 마르코 성당과 바티칸을 프레스코로 장식했다.

33 **산후안역** 스페인 안달루시아 지방 도시 우엘바와 세비야 사이의 기차역.

36 **몬테마요르 성모님 방** 후안 라몬의 누이인 이그나시아의 농장에 있던 암자.

40 **프리세타 거리** 공동묘지 근처의 노동자들이 사는 구역의 거리 이름.

누에바 거리 그 마을의 중앙에 있는 우아한 거리 이름.

카스티요 술집 '라 카스테야나'라는 이름의 술집. XXVI편과 LI편에 다시 나온다.

41 **피지도 못한~사형집행인이 되었다** 셰익스피어 소네트의 한 구절.

42 **리베라 거리** 모게르의 중심 거리로서, 후안 라몬 히메네스의 가족이 누에바 거리로 이사 가기 전에 살던 거리 이름. CXVII편의 「리베라 거리」참조.

44 **검은 바람** 죽음을 의미함.

쿠로스 마누엘 쿠로스 엔리케스(1851~1908). 갈리시아 출신의 시인. 로살리아 데 카스트로와 함께 후안 라몬 히메네스가 발굴한 시인.

49 **도냐나** 카디스에 있는 유명한 사냥터로서 면적이 광활하고, 과달 키비르 강과 해안선을 사이에 두고 우엘바와 접해 있다. 전통적으로 왕과 귀족들의 사냥터였다. 오늘날에는 수렵이 금지되어 세계적으로 다양한 동물과 식물의 서식지로 유명하다.

우엘바 우엘바 지방의 도청소재지. 틴토 강과 오디엘 강의 하구에 위치하고 있다.

53 **종탑** 그라나다의 산타 마리아 성당의 종탑으로, 세비야의 유명한 히랄다 탑과 모양이 똑같다.

히랄다 탑 세비야 대성당에 서 있는 무데하르 양식의 높은 탑.

55 **디에스모 양조장** 앙구스티아스 거리에 있는 양조장으로 시인의 가족이 운영하던 네 개의 양조장 중 하나였다.

리오 틴토 부둣가 우엘바에 있는 세 곳의 부두 중의 하나로, 오디엘 강에 위치해 있다.

65 **연못** 이 장에서 시인은 사색적이었던 젊은 시절의 환상적이고 감성적이며 병적인 감정에서부터 정화 과정을 포함하여 성인으로서의 원숙한 느낌까지, 자신의 정서 발달사를 이야기하고 있다. 그러나 아직도 때때로는 예전의 연못에서 느꼈던 감정에 끌리고 있다.

66 **셰니에** 앙드레 셰니에(André Chenier, 1762~1794). 프랑스 시인. 프랑스 혁명 때 단두대에서 처형됨. 여기서 '목가'는 『영웅들과 이야기들(*Les Héroes et les Fables*)』의 첫 번째 시 「일라스(Hylas)」를 말한다.

74 **헝가리인들** 유목민인 헝가리 집시들을 가리키는 말로, 스페인에서 태어난 집시들(CX. 집시들 참조)과 구별하여 헝가리 유랑 집시들을 가리킨다.

84 **모게르** 후안 라몬 히메네스의 고향이다.(역자 주)

가스파초 주로 여름에 먹는 차가운 스프로서 토마토, 양파, 마늘 등과 식초가 재료이다.(역자 주)

85 **아글라에** 비너스의 딸로, 아름다움을 상징하는 세 자매 (에우프로

시네, 탈리아, 아글라에) 중 막내.

99 **몬테마요르 성모님** 모게르 마을의 수호 성녀.

100 **로시오의 성모 마리아** 엘 로시오(El Rocío)는 우엘바 지방의 시골 마을로, 시인의 고향인 모게르의 동남쪽에 위치하고 있다. 그곳에서는 매년 성령강림절 주말 3일 동안 로시오의 성모 마리아를 기리는 유명한 순례행사가 열린다. 수많은 사람들이 바퀴가 두 개 달린 전통 마차를 타고 행진하며 순례한다.

101 **세비야나** 세비야 지방의 전통 노래.

102 **롱사르** Pierre de Ronsard(1524~1585). 프랑스 시인, 16세기 서정시의 개혁가.

104 **프림 장군님** 후안 프림 이 프랏(Juan Prim y Prat). 스페인 정치가이자 장군. 모로코 전쟁(1859)의 영웅이지만 멕시코와의 전쟁(1862)을 반대한다.

107 **로드** 여기서는 개의 이름이지만 원래는 '주님(Lord)'이라는 의미이다.

113 **리오틴토** 우엘바 지방에 있는 같은 이름의 강 옆에 있는 마을. 시 XCV편「강」참조.

115 **마르쿠스 아우렐리우스** 121~180. 로마 황제이자 스토아학파 철학자.『명상록』의 저자.

117 **성체성혈 축일** Corpus Christi. 성체의식을 기념하는 가톨릭교회의 축제. 삼위일체 대축일 다음의 목요일을 성체축일로 지냄.

118 **성녀 안나** 성녀 안나는 성모 마리아의 어머니이다.
무염시태 가톨릭교회의 교리에 따르면 성모 마리아는 원죄 없이 태어나 구세주 예수를 잉태하였기에 무염시태(無染始胎)라 함.

121 **무데하르** 유럽과 아랍식이 섞여 있는 스페인 특유의 건축 양식.
갈도스 베니토 페레스 갈도스(Benito Pérez Galdós, 1843~1920). 스페인의 대표적인 사실주의 소설가.
지난 아프리카 전쟁 이 문장은 히메네스가 이 작품을 집필하던 시기에 스페인이 모로코와 전쟁 중이었던 것을 상기시킨다. 여기서 말하는 아프리카 전쟁이란 스페인이 모로코 식민지를 유지하려 벌인 19세기 전쟁을 일컫는다고 볼 수 있다.

121 **푸에르토 학교** 카디스에 있는 푸에르토 데 산타 마리아 예수회 학교로, 히메네스가 1893년에서 1896년까지 다녔다.

134 **피에로 디 코지모** Piero di Cosimo(1462~1521). 피렌체 출신의 이탈리아 화가. 낭만적인 환상과 사실적인 자연을 조화시켜 신화를 주제로 한 그림을 그렸다.

135 **오스카 와일드** Oscar Wilde(1854~1900). 더블린 출신 영국 작가. 근대 영국 문학에서 연극의 발전에 기여하였다. 작중 인물의 비도덕성 때문에 고발당하여 감옥에 갇히기도 하였다.

138 **오마르 카얌** Omar Khayyám. 페르시아 수학자이자 시인. 1132년 사망. 회의적이고 신비주의적인 어조로 감각적이며 우수에 찬 주제의 4행시 루바이야트(Rubaiyat)를 지었다.

149 **로살리나** 1896년 세비야에서 후안 라몬 히메네스는 푸에르토리코 역사학자이자 시인인 살바도르 부라우의 딸인 로살리나 부라우를 사랑했다.

니에블라 우엘바와 세비야 사이의 고속도로에 있는 작은 마을.

155 **그러나 혼자서~보지 못했으리** 이 시는 이탈리아 시인 지아코모 레오파르디(Giacomo Leopardi)의 작품 *Canti* 중 번호 XXXVII, 'Odi, Melisso…'의 마지막 구절이다.

161 **바르톨로메 에스테반 무리요** Bartolomé Esteban Murillo(1617~1682). 바로크풍의 세비야 출신 화가로서 성모 마리아 등을 그린 종교화와 사실주의 기법의 풍속화를 주로 그림.

163 **캄포아모르** 라몬 데 캄포아모르(Ramón de Campoamor, 1817~1901). 다양한 경향을 보여 준 스페인의 시인.

164 **블랑카** 히메네스 조카 중 한 명의 이름이 블랑카였다.

165 **피냐의 집** 후안 라몬 히메네스가 좋아했던 농장, 푸엔테피냐스

(Fuentepiñas)의 집.

176 **페파** 빅토리아, 블랑카, 롤라, 페파는 모두 시인의 여동생인 빅토리아의 딸들이다.

177 **알미란테** Almirante. 해군 제독이라는 뜻이지만 여기서는 말의 이름.

180 **라포소** XXXV편 「거머리」에 나온 농장 관리인

피콘 후안 라몬 히메네스의 삼촌이 소유한 '에스트레야'라는 이름의 배와 집을 관리하는 늙은 어부. XCV편 「강」에도 등장.

183 **콜리아스** 카스티요에 살았던 모녀로 행실이 단정치 못한 여자들. XCIX편 「카스티요 언덕」에도 등장.

184 **강** 틴토 강은 리오 틴토 마을 근처에서 발원하여 모게르를 지나 우엘바 항구 옆의 바다로 흘러든다.

리오 틴토 광산의 구리 우엘바의 북쪽에 있는 광산 마을은 페니키아인들과 로마인들 사이에서 구리 광산으로 유명했다. 세계에서 가장 풍부한 매장량을 자랑했던 이곳은 오늘날 거의 고갈된 상태이다.

189 **알프레디토 라모스의 장례식** 후안 라몬 히메네스는 예수회 학교를 다닐 때 알프레도 라모스의 장례식에 참석했다.

199 **뵈클린** 아르놀트 뵈클린(Arnold Böcklin, 1827~1901). 스위스 화가. 그의 작품은 주로 자연의 한 부분을 감각적으로 그리면서 신화나 옛날이야기를 연상시키는 배경 역할을 한다.

200 **프라이 루이스** 프라이 루이스 데 레온(Fray Luis de León, 1527~1591). 스페인 르네상스를 대표하는 시인이자 인문주의자.

로댕 오귀스트 로댕(Auguste Rodin, 1840~1917). 프랑스 조각가로, 현대 조각에 큰 영향을 미쳤다. 그의 조각에는 활기차고 개인적이면서 사실적인 성격이 돋보인다.

203 **레온** 기운이 센 것으로 유명했던 모게르의 인물. CXXVII편 「레온」의 주인공으로 등장.

217 **베케르** 구스타보 아돌포 베케르(Gustavo Adolfo Bécquer, 1836~1870). 스페인의 대표적인 낭만주의 시인으로 세비야 태생. 그의

시집 『리마스(*Rimas*)』는 젊은 시절의 후안 라몬 히메네스에게 많은 영향을 끼쳤다.

219 **마마 테레사** 시인의 외할머니.

시에스타 siesta. 이탈리아·그리스 등 지중해 연안 국가와 라틴아메리카의 낮잠 자는 풍습. (역자 주)

223 **가르피아** 그 집을 지은 세비야의 건축가.

228 **오난** Onán. 창세기 38장에 등장하는 인물로서 형이 세상을 떠나자 아버지 유다에 의해 가족의 대를 잇기 위해 형수 다말과 잠자리를 할 것을 강요당한다. 그러나 아기가 수태된다고 하여도 자기 자식이 아닌 형의 자식이 되리라 생각한 오난은 몇 번이나 고의로 땅에 사정하였고 이로 인해 하느님의 분노를 사서 죽고 만다.

232 **동방박사** 스페인에서는 크리스마스 대신 1월 6일 예수 공현축일을 맞아 어린이들에게 선물을 주는 풍습이 있다. 여기서 동방박사란 예수님이 탄생했을 때 낙타를 타고 가서 선물을 바친 세 사람(가스파르, 멜초르, 발타사르)을 말한다. 스페인 어린아이들에게 이들은 산타클로스와 같은 존재이다.(역자 주)

234 **몬스우리움** 라틴어로 Mons-Urium, 즉 황금의 산이란 뜻.

콜럼버스가 아메리카에서 우리에게 가져온 두 가지 선물 담배와 성병을 말함.

236 **터너** 조셉 터너(Joseph M. W. Turner, 1775~1851). 영국 낭만주의 화가이자 빛, 색깔, 자연에 대한 연구의 개척자이다. 인상주의의 선구자 중 한 사람으로 간주된다.

237 **라퐁텐느** 장 드 라퐁텐느(Jean de La Fontaine, 1621~1695). 우화 작가로 유명한 프랑스 시인.

239 **사육제** 사순절 직전 3일~7일에 걸쳐 즐기는 축하 행사.

242 **파소 도블레** 투우장에서 투우사가 입장할 때 연주되는 경쾌한 행진곡.

243 **쿠르베** 구스타브 쿠르베(Gustave Courbet, 1819~1877). 프랑스 사실주의를 대표하는 화가.

245 **탑** 그라나다에 있는 산타 마리아 성당의 종탑을 말한다. p 53 '종
    탑'의 주 참조.

262 **플라테로는 은빛 나는 나귀를 부르는 이름이다** 스페인어로 '플라타'는
    '은'이라는 뜻이다.

290 **안토니오 마차도** 1875~1939. 스페인 시인으로 '98세대' 대표자. "시
    는 영혼의 깊은 울림"으로 시인 내면의 표현이자 동시대와 호흡하
    는 보편적인 정서를 담아야 한다고 주장했다.

후안 라몬 히메네스와 『플라테로와 나』

박채연(한국외국어대학교 스페인어과 강사)

1. 후안 라몬 히메네스의 삶과 작품 세계[1]

아리스토텔레스는 예술의 효용이 카타르시스에 있다고 말한다. 그렇다면 『플라테로와 나(*Platero y yo*)』만큼 이 그리스 철학가의 말을 실감나게 해 주는 작품이 또 있을까? 아름다운 시어로 엮은 이 작품의 섬세한 글은 읽는 이로 하여금 마음이 정화되고 깨끗해지는 느낌을 갖게 한다. 『플라테로와 나』는 1956년 노벨문학상을 수상한 후안 라몬 히메네스(Juan Ramón Jiménez, 1881~1958)의 작품으로, 20세기 스페인 문학의 산문시 중에서 가장 뛰어난 작품으로 평가받고 있다. 1914년 출판 당시 스페인은 물론 중남미에서도 호평을 받은 이 '안달루시아 애가(哀歌)'는 이후 지금까지 전 세계 독자들의 꾸준한 사랑을 받아 왔다. 작가 스스로도 『플라테로와 나』를 자신의 전기 작품들 가운데 백미로 꼽고 있다.[2]

---

1) 히메네스의 삶과 작품 세계는 본 번역본의 대본인 카테드라 출판사의 『플라테로와 나』의 편집인인 마이클 P 프레드모어의 〈서론〉에서 발췌·요약했다.

2) *Conversaciones con Juan Ramón*, Madrid, Taurus, 1958, p.120 "Entre las obras características de mi prosa considero a Platero la más represntativa de la primera época y *Españoles de tres mundos* la más representativa de la segunda."

'안달루시아 비가(悲歌)', '자전적 서정시'라고도 불리는 이 아름다운 산문시는 작가의 고향인 모게르를 영원히 기억하도록 만들었다. 뿐만 아니라 20세기 초반 스페인의 역사, 사회, 문화적 풍토도 잘 재현해 내고 있다. '98세대'[3]의 지식인·작가들이 카스티야 지방을 노래했다면 히메네스는 문학적으로 안달루시아를 발견한 최초의 작가라 할 수 있다. 그는 19세기말, 몰락한 스페인의 고질적 문제로서 흔히 '스페인 문제'라고 불리던 주제를 훌륭한 산문시로 승화시켰다. 후안 라몬 히메네스의 지적인 편력과 예술적 표현에 주목하면서 그의 삶과 이 작품의 의미를 살펴봄으로써 독자들의 이해를 돕고자 한다. 우선 후안 라몬 히메네스의 생애와 작품을 시기별로 나누어 살펴보기로 하자.

1) 모게르- 마드리드- 모게르(1881~1912)

후안 라몬 히메네스는 스페인 남부 안달루시아 우엘바 지방의 작은 마을인 모게르(Moguer)에서 넓은 포도밭을 경작하면서 포도주를 생산하고 수출까지 하는 안정된 중산층 집안의 막내로 태어났다. 그는 그 지방에서 가장 명문으로 꼽히는 예수회 소속의 푸에르토 데 산타 마리아 학교를 졸업하고 세비야 대학에서 법학을 전공했다. 대학 시절에는 미술에도 재능을 보였고 최초의 시를 발표하기도 했다. 자신의 사춘기에 대해서 시인은 다음과 같이 말한다.

---

3) 수 세기 동안 침체되어 왔던 스페인 지식인들의 위상과 문학적 탁월함을 회복시키고 스페인 문단을 활성화시켰던, 1898년 미서전쟁(美西戰爭) 중에 활약한 시인, 소설가, 수필 작가 그리고 사상가들을 통칭.

나는 15세에 시를 쓰기 시작했으며 최초의 시는 '플랫폼'이라는 제목의 산문시였다. 두 번째 시는 베케르[4]의 『서정시(*Rimas*)』를 읽다가 즉흥적으로 쓴 것인데, 세비야의 일간지인 「엘 프로그라마」에 보냈더니 바로 다음 날 신문에 실어 주었다. 대학에서 그림을 그리고 문학 강의를 들으면서도 세비야의 아테네오 도서관에서 밤낮 없이 시를 읽고 쓰곤 하였다. 당시 나는 베케르와 로살리아 데 카스트로[5] 그리고 쿠로스 엔리케스[6] (이 두 사람의 작품은 갈리시아어로 읽었다)의 작품을 읽었으며 스페인 고전시 『총가요집』을 읽었다. (……) 외국 작품으로는 빅토르 위고와 라마르틴, 뮈제, 하이네, 괴테, 쉴러 등의 작품을 읽고 번역하기도 하였다.[7]

히메네스는 19세가 되던 1900년에 그의 시를 읽은 루벤 다리오[8]의 초청으로 마드리드 여행을 한다. 그는 마드리드에서 비야에스페사, 루벤 다리오, 바예 인클란 등 당대 유명 작가들의 환대를 받았다. 새로운 친구들의 격려로 1900년에 첫 시집 『수련(*Ninfeas*)』과 『바이올렛의 영혼(*El alma de violeta*)』을 출판하였다. 아버지가 돌아가시는 바람에 모게르로 돌아온 시인은 그 충격을 견디지 못하고 그 후 1년 동안(1901년) 프랑스 보르도의 정신병원에

---

4) 구스타보 아돌포 베케르(Gustavo Adolfo Béquer, 1836~1870). 스페인의 대표적인 낭만파 시인.

5) 로살리아 데 카스트로(Rosalía de Castro, 1837~1885). 스페인 낭만파 여류시인. 스페인 북서쪽의 갈리시아 지방 출신으로서 주로 그 지역 방언인 갈리시아어로 시를 썼다.

6) 마누엘 쿠로스 엔리케스(Manuel Curros Enríquez, 1851~1908). 갈리시아 출신 시인으로 쿠바로 이민 가서 활동함.

7) "El siglo XX, siglo modernista", *La corriente infinita*, Madrid, Aguilar, 1961, pp.229~230.

8) 루벤 다리오(Rubén Darío, 1867~1916). 니카라과 출신의 모데르니스모 시인. 스페인어권 시의 혁명을 일으켰다.

서, 그리고 그 후 2년(1901~1903)은 마드리드의 로사리오 정신병원(Sanatorio del Rosario)에서 지내야 했다. 그리고 이후 2년간(1903~1905) 마드리드에서 주치의인 루이스 시마로 박사의 집에 머물면서 살뜰한 보살핌을 받으며 지낸 시인은 이 시기 동안 작가들과 끊임없이 어울리며 글을 썼다. 시마로 박사는 그를 아들처럼 대하며, 당시 '자유교육기구(Instituto Libre de Enseñanza)'의 설립자인 프란시스코 히네르와 코시오(Cossió) 등 당대의 지식인과 만나는 자리에 데리고 갔으며 볼테르, 니체, 칸트, 스피노자 등의 철학서를 읽도록 격려해 주었다. 히메네스는 이 시기에 정신적으로나 지적으로 크게 성장하였으며 특히 독일의 크라우제 철학(krausismo)[9]은 그에게 결정적인 영향을 주었다.

청년 히메네스는 1905년 안달루시아에 대한 향수병과 우울증이 도져 고향인 모게르로 돌아가서 1912년까지 머물렀다. 아버지가 돌아가신 후부터 가세는 눈에 띄게 기울고 있었다. 집안의 몰락은 그 마을의 쇠퇴와도 맞물려 있었다. 마을의 젖줄인 강물이 리오틴토 구리 광산에 오염되어 포도주 산업뿐 아니라 어업도 몰락했던 것이다. 부록에 덧붙인 개정판 서문에서 시인은 다음과 같이 말한다.

나는 내게 너무도 다정하게 대해 주었던 시마로 박사와 2년 동안 함께 살다가 1906년경 모게르로 돌아온 후 『플라테로와 나』를 쓰기 시작했다. 이전과 다른 모게르, 들과 사람에 대한 나의 새로운 지식과 연결된 모게르의 기억이 이 책을 쓰게

---

9) 독일 철학자 크라우제(1781~1832)의 철학 사상에 바탕을 둔 19세기 스페인의 문화 운동으로 전통주의자와 자유주의자로 양분되어 있던 스페인 사회를 통합하고 개혁하고자 하였다. 이 운동의 대표적인 사상가인 프란시스코 히네르는 '자유교육기구'를 설립하여 국유화되어 있던 교육의 자유화와 세속화를 추구하였다.

된 결정적 이유이다. 당시 나는 내 주치의인 루이스 로페스 루에다와 함께 시골 마을을 돌아다니며 슬픈 일을 많이 보았다.

신지식에 영향을 받은 히메네스는 고향의 현실을 『플라테로와 나』에 잘 담아냈고 특히 95(XCV)번째 시 「강」에서는 마을의 쇠퇴와 몰락을 안타까워하면서 저항과 변혁의 정신을 드러낸다. 모게르의 슬픈 현실은 히메네스의 작품에서 순수한 이상향으로 승화된다. 이 시기 작가는 스페인 신비주의 작가인 십자가의 성 요한, 예수의 데레사 성녀, 루이스 데 레온 수사의 작품들을 읽었다고 말한다.[10] 결국 마드리드 체류 기간 중의 지적인 성장과 집안 사정, 모게르의 사회 현실, 그리고 스페인 고전의 독서가 이 시기에 그의 작품에 지대한 영향을 준 요소들이라 할 수 있다. 후안 라몬 히메네스는 1908년에서 1912년 사이에 『비가(Elegías)』(1908, 1909, 1910)부터 『우수(Melancolía)』(1912), 『미로(Laberinto)』(1913)에 이르기까지 여덟 권의 시집을 출판한다. 모게르에 체류했던 이 기간은 히메네스가 가장 왕성하게 창작 활동을 했던 시기였다고 할 수 있다.

2) 마드리드- 뉴욕- 마드리드(1912~1936)

1912년 마드리드로 돌아간 히메네스는 1년 후 학생 기숙사(Residencia de Estudiantes)[11] 원장의 초청으로 1916년 결혼할 때

---

10) "Recuerdos a José Ortega y Gasset", *La corriente infinita*, p.158.
11) 크라우제 철학의 대표적인 사상가인 프란시스코 히네르가 '자유교육기구'와 더불어 설립한 대표적인 자유주의 교육 기구.

까지 그곳에 머물게 된다. 히메네스는 새로운 기숙사의 방과 분위기에 열광했으며 원장과는 아주 친한 친구가 되었다. 또한 히네르, 코시오 등과 다시 교류하게 되었고 우나무노, 메넨데스 피달, 아소린, 에우헤니오 도르스, 호세 오르테가 이 가세트 등 당대의 쟁쟁한 지식인들과 함께 생활하였다. 오르테가 이 가세트는 이미 시마로 박사의 집에 있을 때부터 알고 지내던 사이였다.

오르테가는 그 모임의 횃불이었다. 다양한 주제로 얼마나 불꽃 튀는 논쟁들을 벌였는지! 나는 종종 『로스 루네스 델 임파르시알(Los Lunes del Imparcial)』의 편집을 도왔고 오르테가는 나의 새로운 시들을 마음에 들어 했다. 내가 회장을 맡았던 기숙사의 출판일이 시작되었을 때 첫 번째로 나온 책이 『돈키호테의 명상(Meditaciones del Quijote)』이었고 나는 그 조판에 심혈을 기울였다.[12]

히메네스는 결혼을 한 후에도, 내전 때문에 스페인을 떠나는 1936년 이전까지는 그 기숙사에 자주 드나들었다. 그는 다양한 강연과 운동 시합에도 참여하였으며 특히 아내인 세노비아와 함께 회원으로 있었던 '강의와 강연 모임'이 주최하는 많은 강연회에 참가하였다. 동시에 그는 많은 문화 행사를 개최했으며 자신의 시 낭송회를 열기도 하였다.

1916년은 히메네스에게 중요한 해였다. 그는 1월 말 미국행 배를 탔고 그곳에서 만난 세노비아 캄프루비와 3월 2일 뉴욕에서 결혼하고 6월 20일 스페인으로 돌아왔다. 그는 당시 '땅, 바다, 하늘길'

---

12) "Recuerdos a José Ortega y Gasset", *La corriente infinita*, p.158.

을 통한 이 여행에 영감을 받아 『갓 결혼한 시인의 일기(*Diario de un poeta reciencasado*)』를 집필하고 있었다. 미국 여행과 그곳 시인들과의 만남, 세노비아와의 사랑, 심오한 바닷길 여행 경험 등은 시인 자신이 말하듯이 현실에 대한 더 큰 비전을 갖게 하였다. 참신한 시적 표현을 구사하는 이 작품은 개인적으로는 새로운 서정시 단계의 시작이자 문학사적으로는 스페인 현대시의 시작을 알리는 효시적인 의미를 가진다.[13] 작가 스스로도 "사실 『갓 결혼한 시인의 일기』는 내 최고의 작품이다. 사랑, 깊은 바다, 높은 하늘, 자유시, 다양한 모습의 아메리카와 이전의 나의 모든 경험이 녹아 만들어진 작품이다."[14]라고 말한다.

뉴욕에서 돌아온 히메네스는 의욕적으로 활동한다. 1916년 『여름(*Estío*)』, 1917년에는 『시선집(*Poesías Escogidas*)』과 『플라테로와 나』의 완판, 『영혼의 소네트(*Sonetos Espirituales*)』, 『갓 결혼한 시인의 일기』를 내놓는다. 1918년과 1919년에는 각각 『영원(*Eternidades*)』과 『돌과 하늘(*Piedra y Cielo*)』을 출판함으로써 『갓 결혼한 시인의 일기』로 시작한 빛나는 시의 한 주기를 마무리한다.

시인은 1922년 『제2 시선집(*Segunda Antología Poética*)』을, 1923년에는 『시(*Poesía*)』와 『아름다움(*La Belleza*)』을 출판한다. 한편 1921년과 1927년 사이에 젊은 세대 시인들의 문학 활동을 돕기 위해서 새로운 문학잡지들(*Indice, Sí, Ley*)을 창간하였다. 히메네스는 1912년에서 1936년까지 시, 단편소설, 비평, 서정적 풍자, 경구 등 다양한 분야에 걸쳐 그의 삶에서 가장 왕성한 활동을 한다. 로맹 롤랑의 『베토벤의 일생』을 번역하는 한편 아내 세노비아의 도움으로 인도의 시인 타고르의 시를 번역하기도 했다.

---

13) Gullón, *Conversaciones con Juan Ramón*, p.93.
14) "El modernismo poético……", *El trabajo gustoso*, pp.231~232.

이 시기의 경이적인 활동은 시인이 혼신의 힘을 다해서 자신의 일에 몰두한 결과이다. 히메네스는 일을 할 때 자기 자신뿐 아니라 함께 하는 사람들에게도 완벽함을 요구하였다. 그는 친구와 동료들이 자신의 활동 조건을 절대적으로 존중해 주기를 기대했다. 이런 완벽주의는 마드리드의 작가들, 특히 젊은 시인들에게 거리감을 주는 원인이 되기도 했다. 이로 인해 그는 충실하고 희생적인 아내의 보호를 받으며 코르크 벽으로 된 상아탑에 갇혀 있는 이기적이고 거만하고 괴팍하며 고집스러운 이미지로 오랫동안 굳어지게 되었다. 그는 고귀하고 순수한 것을 고집했고 비속하고 천박한 것, 야비한 것을 경멸했을 뿐 아니라 그 때문에 스스로도 많은 상처를 입었다.

『갓 결혼한 시인의 일기』에는 사회 현실에 대한 시인의 자각이 드러난다. 거대한 산업 도시에 대한 날카로운 풍자가 두드러지며 비인간적이고 자연과 유리된 삶에 공포, 제1차 세계대전에 대한 인식, 불구가 된 어린아이들, 전쟁 희생자에 대한 탄식, 타고 가던 배가 영국 해안에서 독일 잠수함에 의해 격침되어 세상을 떠난 엔리케와 암파로 그라나다의 죽음에 대한 고통 등도 담고 있다. 또한 아래에 인용한 88번 시, 「악몽 같은 악취들」에서는 뉴욕에서 사는 소수민족이 겪는 비참함을 묘사한다.

그것은 마치 여기 사는 모든 가난한 사람들과 – 중국인, 아일랜드인, 유대인, 흑인들 – 그들의 가엾은 꿈에 모여 있는 배고픔과 누더기, 차별이 뿜어내는 나쁜 냄새들의 협동조합 같았고 그 꿈이 생명을 갖고 이 좋은 도시의 사형집행자가 된 것 같았다.

특히 그가 이 시집의 89번 시(「흑인 여자와 장미」)나 118번 시(「한밤중」)에서 보여 준 흑인에 관한 각별한 감성은 나중에 페데리코 가르시아 로르카의 『뉴욕에 온 시인』에서 되살아난다.

히메네스는 한 번도 자신의 시에서 정치에 대해 노골적으로 언급한 적이 없지만 마드리드로 돌아와서는 스페인이 겪고 있는 위기를 인식하고 동시대인들이 추구하던 더 나은 스페인에 대해 관심을 보인다. 그는 과거의 전통적 스페인이 아직 완전히 사라지지 않았으며 새로운 민주적 스페인도 아직 승리하지 않았다는 것을 알았다. 항상 스페인의 개혁을 지지하던 시인의 생각은 『검정 버드나무 언덕(La Colina de los chopos)』과 『세 세계의 스페인 사람들』에 잘 나타나 있다. 『검정 버드나무 언덕』의 「현재와 미래」라는 제목의 글은 이 책의 성격을 단적으로 보여 준다.

이 책에서 나는 카를로스 3세 시대의 마드리드에 대한 향수를 내비친다. 오늘과 내일, 즉 현재와 미래에 속해야 하는 마드리드 말이다. 이 모든 것은 당연히 영원과 하나가 되어야 한다. 즉 경치, 빛, 색과 감정. 이 책에서 나는 영원한 마드리드, 이전과 현재의 좋은 것과 아름다운 것, 그리고 미래의 좋은 것과 아름다운 것도 조금은 포함한 영원한 마드리드를 말하고자 한다.

스페인 근대화를 추진한 계몽군주 카를로스 3세 시대의 마드리드에 대한 회상은 이 책을 이해하기 위한 열쇠가 된다. 즉 이 책에서 히메네스는 마드리드의 가능성과 불가능성, 과거와 미래를 대비시켜서 한편으로는 당시 민중들이 살아가야하는 팍팍한 현실에 대한 묘사를 하면서도, 또 그와 반대되는 희망적이고 이상적인 마드리드, 카스티야라는 상상의 바다와 하늘에서 씻고 나와서 변화된 마드리드에 대해 말한다. 실제로 『검정 버드나무 언덕』에서 시인은 이전 시에서 보였던 슬픔과 회한 대신 즐겁고 행복한 느낌, 다시 에덴동산으로 돌아온 느낌을 전하고 있다. 스페인의 발전에 대한 열망은 부분적으로는 서정적 풍자인 『세 세계의 스페인 사람들』(1942)의 모티브가 되었다. 이 작품은 자유롭고 근대적인 최고의 스페인에 대한 비전과 시인의 이상과 가치관을 종합한 것이다. 이 시기 산문들에서 히메네스는 자유와 진보적 전통에 충실한 모습을 보여 주었고 히네르와 코시오와 마찬가지로 당대의 역사적 소명을 제대로 인식하고 있었다. 이를 바탕으로 낡은 구시대의 필연적인 몰락과 새로운 시대의 도래를 예견하였으며 스승들인 히네르와 코시오와 함께 민중의 비참함과 가난을 느끼면서 새로운 시대의 도래를 위해 함께 싸웠다.

3) 아메리카에서 (1936~1958)

스페인 내전이 발발한 직후인 1936년 8월 후안 라몬 히메네스가 조국을 떠나 망명길에 오른 것은 전혀 낯선 행동이 아니었다. 미국에 도착한 직후 히메네스는 스페인의 민주적이고 합법적인 공화국 정부에 대한 지지를 표명했다. 안토니오 마차도는 오랜 친구의 '고귀한 말'에 감사하면서 이것을 공식적으로 발렌시아의 언론에 발표하였다. 망명한 시인은 두 달 후 푸에르토리코에서 한 인터뷰에서도 공화국 정부에 대한 지지를 다시 확인하였다.

나는 정치가가 아니고 시인이다. 그러나 나는 스페인 정신과 문화를 대표하는 사람들과 스페인에 공화정을 수립한 이들을 지지한다. 내가 스페인을 떠날 때 있었던 정부는 정통성이 있으며 존중받고 도움을 받을 권리가 있다. 그 정부야말로 투표를 통해 합법적으로 민중의 지지를 얻은 정부이다.[15)]

후안 라몬 히메네스는 생애 마지막 22년을 아메리카 대륙에서 보냈다. 그는 1936년 9월 몇 주는 미국에서 보낸 후 잠깐 푸에르토리코에 있다가 1936년 11월부터 1939년 1월까지 2년 넘게 쿠바에 체류한다. 이후 1939년 1월부터 1942년 10월까지 3년간은 플로리다의 코랄 게이블에서, 1942년 11월부터 1951년 11월까지 9년 동안은 워싱턴 D.C.에 살았다. 그러면서 히메네스 부부는 가끔 메릴랜드대학교에서 강의하였다. 세노비아는 1945년에 메릴랜드대학교 교수로 정식 임용되었다. 시인은 생의 마지막 7년을 푸에르토리코에서 살면서 푸에르토리코대학교 교수로 재직했다. 1956년 10월 25일 후안 라몬 히메네스는 노벨문학상을 수상하는 영광을 안았으나 사흘 뒤인 28일에 아내 세노비아가 세상을 떠난다. 절망한 시인은 집에 틀어박혀 완벽한 침묵에 들어간다. 『전원시』(1911)에 수록되었던 「마지막 여행」이라는 시는 약 반세기 후에 시인이 품게 될 심정을 예언적으로 전하는 듯하다.

……이제 나는 갈 거야. 그래도 새들은 여전히 노래하겠지.
그리고 내 과수원의 나무들은 여전히 푸를 것이고
하얀 우물도 여전할 거야.

---

15) Campoamor González, *Vida y poesía de Juan Ramón Jiménez*, p.229.

매일 오후 하늘은 평화롭고 푸르겠지.
그리고 오늘 오후의 종소리처럼
종탑의 종도 계속 울리겠군.
　　나를 사랑했던 사람들도 죽을 테고
매년 마을은 새로워지겠지.
그리고 하얀 울타리 안에 꽃이 만발한 내 과수원
한 구석에는 향수에 젖은 내 영혼이 떠돌고…….

　　이제 나는 갈 거야. 이제 혼자겠군. 가족도,
푸른 나무도, 하얀 우물도 없이,
푸르고 평화로운 하늘도 없는 곳에서…….
그래도 새들은 여전히 지저귀겠지.

　결국 후안 라몬 히메네스는 1년 반 후인 1958년 5월 29일 아내가 세상을 떠난 같은 병원에서 그녀를 뒤따른다.

　시인이 아메리카에서 보냈던 22년 영욕의 세월 중에서 특히 푸에르토리코와 쿠바 그리고 1948년 3개월간 아르헨티나에 머물렀던 점은 주목할 만한 가치가 있다. 그의 방문과 강연은 현지에서 큰 관심을 끌었으며 그 나라의 시단에 많은 자극이 되었기 때문이다. 예를 들어, 1936년 푸에르토리코대학교 강당에서 〈시적 정치(Política poética)〉라는 제목으로 행한 강연에서 히메네스는 청중들의 열렬한 환호를 받았으며 이를 계기로 대중 강연은 계속되었다. 특히 시인은 푸에르토리코의 젊은 대학생이나 어린 학생들과 교감하였다. 또한 히메네스의 제안에 따라 '푸에르토리코의 시와 어린이를 위한 축제'를 제도화하여 지방의 어린이들에게 보낼 도서들을 구입하고 백일장을 열기도 했다.

푸에르토리코를 떠나 다른 중남미 국가에서 활발하게 활동하다가 1951년 다시 돌아온 후에도 시인은 대학에서 모데르니스모[16]에 대한 수업에 열정을 갖고 임하는 한편, 형편이 어려운 학생들을 돕는 데도 발 벗고 나섰다. 그는 젊은 시인들을 격려하면서 『대학(Universidad)』이라는 잡지의 수준을 높이는 데 주력하였고, 푸에르토리코대학교 총장에게는 한 나라의 문학사를 정리하는 것은 후손들이 자신이 사는 세계와 현 위치를 알 수 있는 유일한 방법이기에 반드시 푸에르토리코 문학사를 쓰라고 역설하기도 했다. 그는 자신의 작품을 위한 시간을 충분히 갖지 못하는 것을 안타까워하면서도 푸에르토리코대학교와 그 나라의 문화와 젊은이들을 위한 일이라면 기꺼이 모든 시간을 내주었다.

1936년 11월에 히메네스는 쿠바 문화원의 초청을 받고 쿠바로 간다. 푸에르토리코에서와 마찬가지로 쿠바에서도 단지 그가 있다는 존재감은 대단했고 특히 쿠바 문화와 시에 대한 시인의 관심은 쿠바 문화 발전의 큰 활력소가 되었다. 이밖에도 히메네스가 라틴아메리카 국가들을 방문한 경험은 시인 개인의 변화에도 큰 영향을 주었다. 새롭고 자극적인 상황에서도 히메네스는 교수, 강연가, 대중적 인기인, 뛰어난 시인 등 자신에게 주어지는 어떤 역할에도 잘 적응하였다. 그의 편지, 강연, 그리고 지인들의 증언을 통해 보아도 우리는 대중과 잘 소통했던 다정한 시인의 모습을 잘 그려 볼 수 있다. 마드리드에서 보여 주었던 이기적이고 공격적인

---

16) 모데르니스모(modernismo)는 프랑스의 낭만주의, 상징주의 그리고 고답파의 영향을 받아 시어를 조탁하고, 이국적인 것을 소재로 삼아 예술지상주의적인 시 세계를 구축한 운동이다. 모데르니스모와 관련하여 주의할 점은 용어의 혼란이다. 모데르니스모라는 말을 영어로 번역하면 'modernism'이 되나, 영미권에서 모더니즘은 20세기 초반의 아방가르드 운동을 포괄하는 용어이므로 니카라과 출신의 루벤 다리오가 주도했던 스페인·중남미 문학의 모데르니스모와 구별해야 한다.

모습이 어느새 겸손하고 자상한 모습으로 새롭게 변모한 것이다.

1948년에 이루어진 아르헨티나 여행은 의심의 여지없이 전 생애를 통틀어 히메네스가 대중적으로 거둔 가장 큰 성공이었다. 그는 일찍이 어느 곳에서도 그렇게 열렬한 환영을 받아 본 적이 없었다. 부에노스아이레스 역사학회 초청으로 이루어진 네 차례 강연은 대중들의 열렬한 호응을 얻어서 이후 여러 문화단체로부터 초청을 받기에 이른다. 그러나 그 어떤 환대보다 더욱 시인을 감동시켰던 것은 아르헨티나 여러 학교 학생들이 그려서 선물한 플라테로의 그림들이었다. 어린이들의 그림을 하나도 빼놓지 않고 챙긴 시인은 메릴랜드 집으로 돌아온 후 그것을 모두 벽에 장식할 정도로 애정을 보인다.

후안 라몬 히메네스의 문학에서 어린이에 대한 주제는 플라테로 덕분에 영원불멸의 생명을 얻은 모게르의 아이들로부터 쿠바의 아이들, 아르헨티나의 아이들에 이르기까지 평생에 걸쳐 작품에 등장한다. 그는 제1차 세계대전과 스페인 내전에서 희생된 어린이들에 대해서도 각별한 관심을 가지고 있었다. 실제로 히메네스 부부는 미성년위원회와 함께 스페인 내전으로 고아가 된 열두 명의 아이들을 직접 챙기기도 하였다. 또한 뉴욕과 아바나 등 해외에서 스페인 어린이들을 위한 모금 운동을 적극적으로 벌였다.

그럼에도 불구하고, 중남미 국가들에서 보여 준 시인의 모습은 늘 한결같은 것은 아니었다. 많은 경우 신체적, 정신적 건강 문제가 그를 괴롭혔다. 스페인 내전의 결과와 제2차 세계대전의 발발은 시인을 깊이 낙담케 하였다. 게다가 1942년에는 그의 형제인 에우스타키오를 포함한 여러 친척들의 부고 소식으로 고통받았다. 아르헨티나에서 돌아온 후 1950년에는 평생 그를 괴롭혔던 우울증이 심각해지기도 하였다.

불안정한 정신적, 신체적 상태에도 불구하고 망명 기간 내내 쓰인 그의 작품에는 스페인에 대한 변치 않는 사랑, 안달루시아에 대한 향수, 자신의 언어를 사용하지 못하는 고통에 대한 흔적으로 점철되어 있다. 시인에게 언어는 생존에 필수불가결한 도구이다. 스페인에서 살지 못하는 것은 그 언어를 말하고 사는 사람들과의 접촉이 끊어진 것이기에 시인으로서는 가장 근본적인 것을 잃어버린 것이다. 망명 시인은 자유를 누리기 위해 시적으로는 고통스러운 값을 치르고 있었던 것이다. 이와 관련해 히메네스 자신도 "스페인은 내게 몸과 영혼과 빛과 언어를 주었지만 나의 자유를 빼앗았고 아메리카는 내게 자유를 주었으나 내 언어의 영혼, 내 빛의 영혼을 앗아갔다"라고 말한다.

그런데 히메네스는 아르헨티나에 갔을 때 자기 이름을 외치는 사람들의 목소리를 듣고 자기 고향, 자기 언어와 다시 조우한다. 그는 "나는 그때 다시 스페인어를 느꼈다. 부활한 스페인어, 자신의 땅에서 추방당하고 뿌리 뽑힌 스페인어를…… 지극히 안달루시아적이고 내게는 스페인어 가운데 가장 스페인적인 안달루시아의 스페인어를 느낀 것이다"라고 회고한다. 그의 서정시뿐 아니라 산문, 강연, 비평 등 그의 모든 글과 말을 보면 '보편적인 안달루시아'에 대한 감성과 그리움이 절절이 묻어난다. 자신의 고향 마을 모게르와 시마로 박사, 히네르, 코시오로부터 받은 지적 교육은 그의 작품에 결정적이고 영원한 영향을 끼쳤다.

시인은 〈시적 정치〉에서 "시인은 한편으로는 불공평, 기아, 가난, 그리고 다른 한편으로는 인기, 증오, 범죄가 가장 나쁜 것임을 잊지 말아야한다"면서 평화와 정의에 대한 염려를 피력하는 동시에 자신은 "민주주의자이기보다는 전환기에 희망을 갖고 더 나은 사회를 만드는 것을 돕는 민중의 형제"이고 싶다는 희망을 표현한다. 히메네스는 몸소 삶과 작품을 통해 교육의 가치에 대한 절대적인 믿음과 어린이와 젊은이에 대한 애틋한 사랑을 드러내고, 민중들이 더 나은 삶과 문화를 주장할 권리가 있음을 적극적으로 주장하였다.

2. 플라테로와 나

『플라테로와 나』는 아동문학이 아니다. 1969년 아길라르 출판사에서 펴낸 『산문집들』에 실린 「플라테로와 나」 서문을 보면, 히메네스는 "사람들은 보통 내가 「플라테로와 나」를 어린이들을 위해 썼다고 생각한다. 그러나 그것은 아니다"라고 단호하게 말한다. 1914년 렉투라 출판사에서는 작품의 원고를 보고 가장 목가적인 장면의 글 63편을 골라 〈청소년 문고〉로 출판하였다. 어린 당나귀 플라테로를 중심으로 작품 전체에 많은 어린이들이 등장하기 때문에 크게 보면 이 작품을 "어린이들을 위한" 것으로 이해할 수도 있겠다. 그러나 분명한 것은 작가가 아동을 염두에 두고 쓴 것이 아니라는 점이다. 작가 자신이 밝히듯이 『플라테로와 나』는 시마로 박사와 함께 2년 정도 생활한 후 1906년경 모게르로 돌아와 쓰기 시작한 작품이다.

시마로 박사의 집에 머무는 동안 프란시스코 히네르와 코시오와의 만남은 히메네스 평생에 걸쳐 결정적인 영향을 끼쳤다. 특히 히네르에 대한 언급은 히메네스의 산문 작품에 끊임없이 등장한다. '자유교육기구'를 세운 히네르의 교육철학은 교조적 이념에 저항하는 중립적이고 자유주의적인 입장으로서, 모든 지식의 범주를 향해 열려 있는 완전한 인간을 형성하고 인간의 모든 삶을 포괄하기 위해 과학적 방법에 기반을 두는 것이었다. 앞서 말했듯이 크라우제 철학을 계승한 히네르는 후학들에게 심대한 영향을 끼쳤고 스페인의 지적 풍토를 개혁했다. 히네르의 궁극적인 의도는 의식 개혁을 통해 스페인을 재창조하는 것이었다. 사회의 변화는 혁명이나 전쟁이 아니라 사람과 사상이 만들어 내는 것이라고 굳게 믿었기 때문이다.

프란시스코 히네르 역시 히메네스의 작품, 그중에서도 『플라테로와 나』에 깊은 애정을 드러냈다. 히네르는 히메네스의 작품 속에서 자신의 교육철학의 흔적을 발견했음이 틀림없다. 시인은 이 책의 부록 II에서 다음과 같이 밝히고 있다.

> 프란시스코 선생님은 내 은색 나귀가 처음에 사귄 좋은 친구들 가운데 한 분이다. 책이 여러 사람들에게 사랑을 받는 이유는 그가 플라테로의 고삐를 끌어서 생명의 문으로 데리고 왔기 때문이다. 프란시스코 선생님 생전에 내가 마지막으로 뵈러 갔을 때는 이미 병세가 돌이킬 수 없는 상태였음에도 그는 침대에 플라테로 책을 잔뜩 쌓아놓고, 코시오의 말에 의하면, 1월인데도 여전히 크리스마스와 새해 선물로 멀리 있는 지인들에게까지 선물로 보냈다고 한다.

히메네스는 프란시스코 히네르를 추모하며 쓴 「불같은 안달루시아 사람」[17]이라는 글에서 그의 스승의 영향을 다음과 같이 웅변적으로 말하고 있다.

---

17) 프란시스코 히네르도 후안 라몬 히메네스와 마찬가지로 안달루시아 출신(론다)이다.

프란시스코 히네르에게 교육이란 그의 내적인 서정시의 자연스런 표현이었다. 그가 그것을 얼마나 강조했는지 모른다. 그는 글로 쓰지는 않았지만 자신의 교육철학을 몸소 보여 주었다. 어린이들, 불행한 이들, 병자들과 함께 있는 그를 보는 것은 아름다움이라는 자연 질서, 즉 물이 흐르는 것이나 나무가 싹 트는 것 혹은 새가 다시 나는 것을 보고 있는 것과 마찬가지였다. 누구든 그를 만나면 반드시 더 성장하고 만족스러워하였다. (……) 나는 21세에 그를 알았고, 내 시의 가장 큰 주제인 어린이들을 교육하는 것을 그의 행동을 보고 배웠다. 정원에서, 교실에서, 식당에서 나는 그가 다정하게 어린이들을 가르치는 시적이고 아름다운 광경을 지켜보았는데 그것은 나무 없이도 이미 씨가 가득히 열린 열매 같았다. 그는 상상이 아니라 몸 전체로 사랑과 종교와 교육에 대해 시를 썼다. 소중한 영감과 유용한 목적을 발견하게 해 주었던 그의 행동은 시인에게는 더할 수 없이 좋은 본보기가 되었다.

이 글은 시인이 자신의 『플라테로와 나』를 소개하는 가장 훌륭한 글이라 할 수 있다. 왜냐하면 불행한 이들, 병자들, 어린이들 그리고 자신의 나귀를 대하는 주인공의 태도를 규정하는 덕목이 바로 사랑과 선함과 부드러움이기 때문이다. 시인은 위선, 잔인함, 천박함을 비판하고 즐겁고 순수한 동심을 회복하고자 교육한다. 또한 소박함과 단순함, 선함과 사랑을 강조한다. 순수한 사랑과 완덕으로 인도하는 그리스도교적 도덕을 통한 플라테로의 교육이 바로 이 작품의 가장 중요한 주제라고 할 수 있다. 동시대의 '98세대' 작가들이 부정적이고 비관적이며 냉소적으로 스페인 교육을 질타했던 것과 달리 히메네스는 따뜻하고 유머러스하며 긍정적인 교육관을 보여 준다. 역사는 일시적인 퇴행과 쇠퇴를 경험하지만 결과적으로는 역사의 완성을 향해, 즉 더 나은 사회로 발전해 간다는 히네르의 역사관도 여기에 한몫을 하고 있다. 이렇게 『플라테로와 나』는 프란시스코 히네르의 교육 이념을 서정적으로 풀어낸 아름다운 산문시이다.

산문시는 스페인 문학사에서도 가장 연구가 안 된 분야이다. 스페인 문학의 대표적인 산문시로는 19세기 프랑스의 영향을 받은 구스타보 아돌포 베케르의 산문시와 언어의 새로운 혁신을 불러 온 중남미 시인 루벤 다리오와 호세 마르티의 것을 꼽을 수 있다. 히메네스 역시 이미 『플라테로와 나』 이전에 과도한 낭만적 감상주의가 지배적인 『초기 산문들(Primeras prosas)』과 프랑스 상징주의의 영향을 받은 『나중을 위한 발라드(Baladas para después)』라는 산문시를 쓴 바 있다. 『플라테로와 나』는 시인의 창작 과정을 굳이 전후기로 나누어 볼 때, 『영적인 소네트』와 함께 전기 시의 마지막을 장식하는 작품이다. 이 작품은 단순히 전반기를 마무리할 뿐만 아니라 시인의 후반기 문학의 특징도 고스란히 담고 있다.

이 작품을 비롯해 『세 세계의 스페인 사람들』에 이르는 후안 라몬 히메네스의 산문이 20세기 스페인 산문 문학에 미친 영향으로는 여러 가지를 들 수 있는데, 멜로디가 있는 긴 문장, 풍부한 삽입과 은유, 문장 리듬의 자유로운 변조, 자유롭고 유연한 구문, 인과관계와 논리적 연결이 생략되고 열거법과 형용사 사용으로 표현력을 극대화시킨 인상주의적 서술, 시적 이미지 사용 등을 대표적으로 들 수 있다. 밀도 높은 표현력이 백미로 꼽히는 『플라테로와 나』는 위의 특징을 모두 보여 주는 대표적인 작품으로서 20세기 스페인 문학에서 이것과 견줄 수 있는 작품은 없으리라 생각한다.

이 위대한 시인이 스페인어에 일으킨 형식적 혁신 못지않게 중요한 것은 새로운 언어로 표현한 내용과 의미이다. 그는 호세 마르티[18]에 대한 「서정적 풍자」라는 글에서 당시 스페인 시인들의 주류였던 모데르니스모와는 다른 자신의 생각을 설명하고 있다. 즉 훌리안 델 카살(Julian de Casal) 또는 비야에스페사(Villaespesa)가 말하는 모데르니스모가 아니라 자신의 생각은 호세 마르티(José Marti)의 모데르니스모에 가깝다고 말한다.

> 이국적 공주들, 그리스와 로마인들, 일본식의 변덕스러운 것들, 중세의 기사 등은 내게 매력적이지 않았다. 내게 모데르니스모란 새로움, 전혀 다른 새로움, 즉 내적인 자유를 의미한다. 마르티는 나와 매우 비슷한 바로 그 '전혀 다른 새로움'을 보여 준다.

'내적인 자유'는 미학뿐 아니라 윤리적인 의미도 깊게 포함하고 있다. 예술적 의식뿐 아니라 사회적, 도덕적 의식도 포함하고 있는 것이다. 히메네스에게 모데르니스모는 종교와 근대과학을 절충하려는 시도이며 크라우제 철학에 미학적 옷을 입힌 것이었다.[19] 문학적 문체로서의 모데르니스모는 히메네스의 전기 시(詩)작품과 『플라테로와 나』에 큰 영향을 미쳤다. 따라서 우리는 이 작품에서 화려한 색채와 수식어로 그려진 해거름과 하늘, 꽃 등 인상주의라고 규정할 수 있는 자연 묘사를 쉽게 만날 수 있다. 그러나 앞서 언급하였듯이 1916년 결혼과 함께 발표한 『갓 결혼한 어느 시인의 일기』에서부터 히메네스는 모데르니스모 문체를 벗어난다. 『영

---

18) 호세 마르티(José Marti, 1853~1895). 모데르니스모 시파의 선구자이자 쿠바의 독립 영웅.
19) Ricardo Gullón, *Conversaciones con Juan Ramón*, Madrid, Taurus, 1958, pp.50~57.

원』에 수록된 다음의 시는 히메네스 문체의 변화와 시에 대한 그의 생각을 적나라하게 표현하고 있다.

순백의 옷을 입은
순수한 그녀가 먼저 왔다.
그리고 나는 아이처럼 그녀를 사랑했다.

그 후에 그녀는 알 수 없는
옷들을 더 입었고,
나는 이유도 모른 채 그녀를 증오하게 되었다.
그녀는 보석으로 치장한
여왕이 되었다……
의미 없는 이 분노와 쓰라림!

……그러나 그녀는 옷을 벗었고
나는 그녀에게 미소 지었다.

그녀는 예전처럼 순수함의
외투를 입고 있었다.
나는 다시 그녀를 믿었다.

그리고 그녀는 외투마저 벗고
완전히 벌거벗고 나타났다.
오, 내 삶의 열정, 벌거벗은 시,
영원한 나의 시여!

이미 말했듯이 『플라테로와 나』의 가장 두드러진 특징은 시적 이미지의 사용이다. 이 작품은 한 해의 자연 주기에 따라 봄에 이야기가 시작되어 플라테로가 죽는 또 다른 봄에 마무리된다. 각 에피소드에는 그 계절에 맞는 감정 표현이 드러난다. 새롭게 시작하는 봄, 충만한 여름, 기울어 가는 가을 그리고 죽음을 보여 주는 겨울이 잘 그려져 있는 것이다. 자주 등장하는 나비의 이미지는 봄에 시작해 봄으로 끝나는 작품의 구조와 맞닿아 있다. 예를 들어, Ⅱ「하얀 나비」를 보면 플라테로와 나는 마을로 들여가는 상품에 세금을 요구하는 지저분하고 못생긴 남자에게 짐을 보여 주게 된다. 나는 광주리에 나비밖에 없다고 말하지만 그 남자는 나비를 볼 수 없다. 이때 나비는 플라테로의 자유로운 영혼이라는 정신적 가치를 상징한다. 나비의 상징적 의미는 마지막 다섯 편의 시, 131편, 132편, 133편, 135편, 136편에서 더욱 분명해진다. 135(CXXXV)편 「우수」에서 시인은 플라테로의 무덤에 가서 아직도 자신을 기억하는지 묻는다. 그러자 마치 질문에 대답이나 하듯이 하얀 나비가 나타나 마치 플라테로의 영혼이 환생한 듯 꽃 사이를 날아다닌다. 이렇게 플라테로가 죽은 후에 나비로 환생하여 다시 자연의 질서로 돌아감으로써 생명의 한 주기가 끝났음을 암시해 준다.

이 작품은 아름답고 순수한 세계뿐 아니라 지극히 천박하고 추한 모습이나 가난하고 참담한 현실도 보여 준다. 주인공은 일요일에만 찾는 교회, 투우장의 살육과 술주정, 소란스러운 사육제, 증오심이 가득 찬 투계장처럼 폭력이나 위선이 판치는 곳은 플라테로에게 보여 주려 하지 않는다. 또한 「옴 오른 개」, 「악마」, 「사리토」, 「피니토」, 「하얀 암말」 등의 에피소드에서는 인간의 천박함과 잔인함을 비판한다. 주인공은 가난하고 버림받은 아이들에 대한 따뜻하면서도 안타까운 마음을 작품 전체에서 보여 주기도 한다. 고향에 돌아온 시인은 어린 시절의 고향 모습이 황폐하게 변한 것을 가슴 아파하면서 차츰 그 원인을 깨달아 간다. 95(XCV)편 「강」이라는 에피소드에서 히메네스는 고향이 경제적, 사회적으로 몰락한 원인을 따뜻하게, 그러나 안타까운 마음으로 고발하고 있다.

플라테로야, 우리 강물이 탐욕과 방탕이 판치는 광산들 사이로 어떻게 흘러가는지 보렴. 검붉고 누런 진흙 사이의 붉은 강물은 이제 오후의 석양도 비추지 못하는구나. 얄팍해진 강물 위로는 장난감 배들이나 겨우 지나갈 수 있어. 슬픈 일이로구나!

예전에는 포도주를 실은 거대한 배와 지중해의 범선, 쌍돛대를 가진 범선, 삼각돛 배들이 드나들었지. 로보호, 호벤 엘로이사호, 산 카예타노호, 에스트레야호 등등……. 산 카예타노는 우리 아버지 배였는데 가엾은 킨테로가 지휘했고, 에스트레야는 우리 삼촌 배인데 피콘이 선장이었어. 이 배들은 성 후안의 하늘에 어지럽게 돛들을 펼쳤고 우람한 주 기둥은 아이들의 탄성을 자아냈지! 이들은 포도주를 잔뜩 싣고 말라가, 카디스, 지브롤터 해협을 누볐어……. (……) 리오 틴토 광산의 구리가 모든 걸 망쳐 놓았어.

『플라테로와 나』에서 간과할 수 없는 또 다른 중요한 요소는 작가가 고향인 모게르에 대해 보여 주는 강한 유대감이다. 많은 작가들에게 그렇듯이 히메네스에게도 고향은 유년 시절부터 영감의 원천이었다. 스페인의 중심인 카스티야 지방을 중심으로 스페인의 혼을 부활시키자는 '98세대' 운동의 영향이 지배적이던 당시의 스페인에서 모든 문인들의 관심은 카스티야 찬미였다. 그의 정신적 스승인 히네르와 코시오조차도 히메네스에게 카스티야를 노래하라고 권하였다. 그러나 시인은 자신의 노래를 통해 자기 뿌리인 안달루시아가 세계적으로 알려지기를 바라는 소명 의식이 있었다. 그는 문학 사조에서도 비주류의 성향을 보인다. 즉 당시의 주류 문학이었던 모데르니스모에 적극적으로 참여하기는 했으나 완전히 휩쓸리지 않고 자신의 문학적 소명을 꿋꿋하게 밀고 나간 것이다. 히메네스의 이러한 문학적 소신과 신념은 결과적으로 문학의 독창성과 정통성 그리고 뿌리 깊은 개성을 보장해 주었다.

앞서 보았듯이, 시인은 1906년 귀향해서 목격한 또 다른 모게르의 모습과 옛 모게르의 기억이 이 작품을 쓰게 만들었다고 말한다. 따라서 『플라테로와 나』에는 어린 시절의 회상과 새롭게 깨달은 지식을 바탕으로 보게 된 고향의 두 차원의 시간이 존재한다. '모게르의 기억'과 '새로운 모게르', 즉 어린 시절의 모게르와 성인이 되어서 본 모게르의 두 시선은 작품에서 늘 교차되고 있다. 성인의 시점은 플라테로로 형상화된 어린이들을 교육하고 있다. 플라테로의 주위에 모이는 아프고 가난한 아이들은 현대 사회에서 물질적 가치로 환원되지 않는다는 이유로 무시당하지만 그들의 단순함과 천진난만함은 변치 않는 정신적 가치를 환기시키는 역할을 한다. 결국 플라테로의 주인인 화자는 신을 향해 가는 완덕의 길을 플라테로에게 교육시킨다. 시인은 이를 통해 프란시스코 히네르의 이상이었던 '종교를 삶으로 살고 삶을 종교로 살기'를 시적인 감수성으로 승화시키며 인간의 존엄성과 가치를 역설한다. 어쩌면 이 작품은 히메네스가 성숙한 성인의 자의식으로 플라테로로 형상화된 어린 시절의 자신을 재교육하는 자기 치유적 글

쓰기라 해도 과언이 아닐 것이다.

아이의 시선은 「바보 아이」의 경우처럼 혹은 「플라테로의 죽음」에서처럼 하늘나라 낙원으로 투사되지만 어른의 시선에서 신성은 내면화되고 종교는 신비롭고 내재적인 일종의 의식으로 변한다. 『플라테로와 나』에서 시인은 자기 내면에서 신을 찾는다.

> 플라테로야, 삼종기도 종소리가 울리는 동안 우리의 일상적인 삶은 힘을 잃고 우리 내면의 다른 힘, 즉 더 숭고하고 한결같으며 순수한 다른 힘이 은총의 샘처럼 우리의 삶을 장미들 사이에서 불을 밝힌 별들에게 올려 주는구나. 더 많은 장미들……. 플라테로야, 너는 모르겠지만 부드럽게 하늘을 올려다보는 네 눈은 아름다운 두 송이 장미란다.
>
>   - X「삼종기도」에서

> 마치 은으로 만든 왕관을 쓴 거친 석탑이라도 된 양 놀라운 내면의 힘이 내게 솟구치는구나! 별이 쏟아지고 있구나! 얼마나 별이 많은지 어지러울 지경이야.
>
>   - CXX「순수한 밤」에서

인간 내면에서 신적인 것을 찾는 어른의 의식은 『플라테로와 나』의 현대성을 가늠하는 중요한 요소이자 히메네스 후기 시의 중심 테마이기도 하다. 인간의 정신에는 초인적인 힘이 있어서 우리 모두는 그리스도처럼 완전한 인간이자 신이 될 수 있는 잠재력이 있음을 암시한다.

전체적으로 볼 때 『플라테로와 나』에는 과거 모게르의 어린이 같은 순진함과 현재 어른의 시선으로 본 모게르의 상황이 중첩되

듯이 선과 악, 폭력과 평화, 아름다움과 추함의 사건과 상황들이 작품 전체에 균등하게 분배되어 있다. 그러나 계절이 겨울로 접어들면서, 즉 플라테로의 죽음이 다가오면서 봄이 되기도 전에 돌아온 제비의 고통, 고향의 가난함과 비참함으로 그려진 작품 초기의 잔인함과 폭력성은 점점 평화와 고요함, 생명의 순수함과 완전함으로 고양된다. 예를 들어, 인간의 잔인함에 대한 언급은 아이들의 돌팔매로 죽음을 맞은 눈먼 「하얀 암말」 사건 이후로 더 이상 보이지 않는다. 「집시들」에서 볼 수 있는 가난과 슬픔은 여전히 이어지지만 「암나귀 젖」 이후로 플라테로의 죽음에 이르는 10여 편에서는 어린아이들의 순진함과 자연의 순수함을 주로 보여 준다. 이는 시인이 의도적으로 플라테로의 죽음을 준비하면서 인간의 폭력과 잔인함을 배제하며 정신의 정화 작업을 한 것으로 보인다. 결국 무질서와 고통 그리고 어두움이 작품 전반부의 분위기였다면 후반부는 밝음과 조화로움으로 대비되고 있는 것이다.

플라테로의 죽음은 슬프지만 밝다. 하얀 나비로 부활한 플라테로는 인간이 지향해야 하는 최고점의 사랑과 순수함을 상징하고 있다. 화창한 4월에 어린아이들과 함께 플라테로의 무덤을 찾은 시인은 자신의 마음과 정신을 정화시킨 플라테로의 역할을 강조하고 있다. 이로써 『플라테로와 나』는 플라테로를 통한 '서정적 교육'을 통하여 영원히 잃어버린 과거를 안타까워하는 안달루시아의 비가를 넘어 우리 내면에서 잃어버린 어린 시절의 순수한 낙원을 '지금, 여기'에서 회복하고, 인류가 누렸던 자유와 기쁨 그리고 고통 중에서도 지켜야 하는 존엄성과 희망을 일깨워 주고 있는 것이다.

판본 소개

후안 라몬 히메네스는 『플라테로와 나』를 1906년에서 1912년 사이에 대부분 썼다고 한다. 흔히 축약본(menor)이라 불리는 불완전한 형태의 초판은 1914년 렉투라(La Lectura) 출판사에서 나왔는데, 시인이 이미 써 놓았던 136장 가운데 64장만 수록하였다. 이후 시인이 직접 편집하여 1917년 마드리드의 비블리오테카 카예하(Biblioteca Calleja)에서 완전한 형태를 갖춘 초판이 출간된다. 카예하의 초판에는 원래의 136장에 2장이 추가되어 모두 138장이 수록되었다. 이후 나오는 모든 판본은 카예하 초판의 형태를 그대로 따르게 된다. 이 번역본이 대본으로 삼은 책 역시 카예하 초판을 따랐으며, 1991년 마드리드의 카테드라(Cátedra) 출판사에서 히스패닉 문집(Letras Hispánicas)의 한 권으로 마이클 P. 프레드모어(Michael P. Predmore)가 편집한 것이다.

후안 라몬 히메네스 연보

1881 12월 23일 스페인 안달루시아 우엘바의 작은 마을 모게르에서 출생. 부친은 양조장 사업을 하는 카스티야 출신의 빅토르 히메네스, 모친은 안달루시아 출신의 푸리피카시온 만테콘.

1893 카디스에 있는 예수회 소속의 푸에르토 데 산타 마리아 학교 졸업.

1896 세비야 대학에 입학해 법학 공부를 하며, 개인적으로 미술 공부를 함. 산문으로 된 첫 작품 『플랫폼』 출간.

1900 루벤 다리오의 초청으로 마드리드에 가서 첫 시집 『수련』과 『바이올렛의 영혼』 출간. 아버지의 사망으로 큰 충격을 받고 정신적 불안이 시작됨.

1901 가족 주치의 의견에 따라 프랑스 보르도의 정신병원에서 요양.

1901~1903 마드리드의 로사리오 정신병원에서 요양. 바예 인클란과 안토니오 마차도의 병문안.

1903~1905 마드리드에서 주치의 루이스 시마로 박사 집에서 요양. '자유교육기구' 설립자인 프란시스코 히네르, 코시오 등 당대 지식인과 만남. 독일의 크라우제 철학을 접함.

1905~1912 건강 악화로 모게르로 귀향하여 고독의 시간을 보내며 자살 충동. 푸엔테피냐의 별장에서 요양하며 『플라테로와 나』 구상. 『비가』, 『우수』, 『미로』 등 여덟 권의 시집 출간.

1911 가족 사업의 파산으로 재산 압류.『불가사의하고 가슴 아픈 시』,『전원시』출간.

1912 건강 회복 후 마드리드행. 1916년까지 '학생 기숙사'에 거주하면서 당대 지식인들과 교유.『사색하는 표정』출간.

1913 세노비아 캄프루비와 만나 사랑에 빠짐.

1914~1915 『플라테로와 나』초판 발행. 세노비아와 함께 인도의 타고르 시집 영역본을 번역하기 시작.

1916 3월 2일 뉴욕의 성 스테판 성당에서 세노비아와 결혼. 미국 여행.『갓 결혼한 시인의 일기』출판. 마드리드로 돌아와 두문불출하며 창작에 몰두.『여름』출간.

1917 세노비아가 운전하는 차를 타고 스페인 전역을 여행하며 대중과 만남.『시선집』,『플라테로와 나』,『영혼의 소네트』,『갓 결혼한 시인의 일기』출간.

1918 『영원』출간.

1919 페데리코 가르시아 로르카의 방문.『돌과 하늘』출간.

1922 『제2 시선집』출간.

1923 『시』와『아름다움』출간.

1928 세노비아의 어머니가 8월 18일, 후안 라몬의 어머니가 9월 1일에 사망.

1929 활동을 중단하고 칩거.

1931 작품을 다시 정리하기 시작. 스페인 공화정 수립을 열렬히 환영. 세노비아의 종양이 처음으로 발견됨.

1932~1933 히메네스를 광적으로 짝사랑하던 여류 조각가인 마르가 힐 로에셋이 자살. 스페인의 27세대 시인인 호르헤 기옌, 호세 베르가민과 절교.

1935 히틀러를 비난하는 글을 썼다는 이유로 투옥된 안토니오 에스피나를 지지하는 성명 발표.

1936 『노래』출간. 내전 발발 후 공화파 지지를 천명하는 한편 전쟁고아를 돌보는 활동. 공화국 정부가 워싱턴 주재 스페인 대사관의 외교관 여권을 발급해 주어 미국행. 뉴욕, 푸에르토리코, 아바나, 플로리다 등

지를 다니며 특강과 강연 활동.

1936~1939 쿠바에 머무르며 사회적, 문화적 활동 전개. 스페인 공화파를 지지하는 정치 행사에도 참여.

1939 미국으로 가서 뉴욕을 거쳐 마이애미 코랄 게이블에 정착.

1941~1942 듀크 대학에서 여름학교 강좌. 워싱턴으로 이사.

1942 동시대 사람들을 풍자한 산문집 『세 세계의 스페인 사람들』 출간.

1945 세노비아가 메릴랜드대학교 교수로 임용되어 학교와 가까운 리버데 일로 이사.

1946 『완벽한 계절』 출간.

1948 고향인 모게르에 시인의 이름을 딴 도서관 개관. 부부동반으로 아르헨티나와 우루과이 여행.

1949 『밑바닥의 동물』 출간.

1950 신경쇠약 때문에 의사가 스페인어권 지역으로 가라고 조언하여 푸에르토리코 여행.

1951 세노비아가 메릴랜드대학교 교수직 사임. 요양을 위해 부부가 푸에르토리코에 정착. 세노비아가 리오 피에드라대학교에서 강의할 수 있게 됐으나 암이 발병하여 보스턴에서 수술.

1955 푸에르토리코대학교에서 부부의 이름을 딴 세노비아-후안 라몬 히메네스 강의실 헌정. 모게르에 세노비아-후안 라몬 문화원 개관.

1956 10월 25일 노벨문학상 수상 발표. 사흘 후에 세노비아 사망.

1957 에우헤니오 플로릿의 도움으로 『제3 시선집』 출간.

1958 넘어져서 골반이 부러지고 기관지 폐렴이 겹쳐서 병석에 누운 후 5월 29일 사망. 조카의 노력 덕분에 부부의 유해가 모게르의 헤수스 공동묘지로 이장.

새롭게 을유세계문학전집을 펴내며

을유문화사는 이미 지난 1959년부터 국내 최초로 세계문학전집을 출간한 바 있습니다. 이번에 을유세계문학전집을 완전히 새롭게 마련하게 된 것은 우리가 직면한 문화적 상황에 적극적으로 대응하기 위해서입니다. 새로운 을유세계문학전집은 세계문학의 역할이 그 어느 때보다 중요해졌다는 인식에서 출발했습니다. 오늘날 세계에서 타자에 대한 이해는 우리의 안전과 행복에 직결되고 있습니다. 세계문학은 지구상의 다양한 문화들이 평등하게 소통하고, 이질적인 구성원들이 평화롭게 공존할 수 있는 문화적인 힘을 길러 줍니다.

을유세계문학전집은 세계문학을 통해 우리가 이런 힘을 길러 나가야 한다는 믿음으로 만들어졌습니다. 지난 5년간 이를 준비하기 위해 많은 노력을 기울였습니다. 세계 각국의 다양한 삶의 방식과 문화적 성취가 살아 있는 작품들, 새로운 번역이 필요한 고전들과 새롭게 소개해야 할 우리 시대의 작품들을 선정했습니다. 우리나라 최고의 역자들이 이들 작품 속 한 문장 한 문장의 숨결을 생생히 전하기 위해 심혈을 기울였습니다. 또한 역자들은 단순히 번역만 한 것이 아니라 다른 작품의 번역을 꼼꼼히 검토해 주었습니다. 을유세계문학전집은 번역된 작품 하나하나가 정본(定本)으로 인정받고 대우받을 수 있도록 최선을 다했습니다. 세계문학이 여러 경계를 넘어 우리 사회 안에서 주어진 소임을 하게 되기를 바라며 을유세계문학전집을 내놓습니다.

을유세계문학전집 편집위원단(가나다 순)
김월회(서울대 중문과 교수)
박종소(서울대 노문과 교수)
손영주(서울대 영문과 교수)
신정환(한국외대 스페인어통번역학과 교수)
정지용(성균관대 프랑스어문학과 교수)
최윤영(서울대 독문과 교수)

을유세계문학전집